いいよ、先生。子どもたちが輝き出したよ

段 正一郎 著

学校に吹く風［1］通信編

鉱脈社

まえがき

本書は、私が二〇一三年度から一六年度にかけて校長として四年間勤務した延岡高校の六十一名の教職員のために、八十四回にわたって、折にふれて書きつづった校長通信「一本の樹のように」をまとめたものです。

現代日本は、教師受難の時代です。私は、三十八年前に人生でバカのピークを迎えた時に、教員になりました。バカは今も変わりませんが、若かったので今思い出しても赤面するような恥ずかしいたくさんの失敗をしました。それでも、生徒も保護者も同僚も、そんな未熟な教員を受け入れてくれました。もし今私が教員になったとしたら、教師として職を全うすることはとてもできなかったと思います。

世の中が、随分不寛容になりました。もちろん、マスコミで報道されるような不届きな教員もいます。でも、私の周りの先生たちは私生活を犠牲にし、過労死レベルを大きく超えて、生徒のために骨身を惜しまず働いています。

先進国のなかでは、日本のGDPにおける教育関係予算が群を抜いて最低であることは、よく指摘される事実です。それでもPISA（国際学習到達度調査）の結果では、ほとんどの項目で国際的に上位の評価を受けています。日本の先生たちは、結構よくやっていると思います。それなのに、教師を擁護する声に出会うことはあまりありません。先生たちを叩く言葉だけが飛び交っています。

先生というのは不思議な生き物です。先生の主食は、報酬でも処遇でもありません。生徒がときどきポツリと口にしてくれる、「先生、ありがとう」ということばです。このことばをエネルギーにして、生きています。このひと言で、何年かは生きていけます。

この通信は、そういう先生たちへの応援歌のつもりで書きました。校長になったとき、「世の中の風当たりが厳しいなら、せめて校長くらいは先頭に立って先生を応援しよう。それが、校長の仕事ではないか」と思いました。そんな思いをまとめたのがこの本です。もともと音痴ですから、ときには変な音程の応援歌もありますが、しばらく下手な歌を聞いてください。

ひとりで苦しい思いをしている先生や、または今の学校現場はどうなっているんだと、憤慨している方々に手にとってもらえれば幸いです。

目次

教壇は舞台の巻——二〇一四・四〜一五・三　67

仕事なのに　68

あいつのやり口　96

学校ルール　110

カバー絵・カット　甲斐　稀尋

いいよ、先生。
子どもたちが輝き出したよ

教室は劇場の巻
——二〇一三・四〜一四・三

教育と脅迫

少し、昔話を

若い頃は正月になると、私と妻の実家に何日かずつ里帰りするのが慣例でした。昔の家というのは居間にしかテレビやコタツが置いてなくて、そこでしか過ごせないような造りになっていました。で、妻の父が時代劇の好きな人で、時代劇の苦手な私も妻の両親とコタツで一緒にテレビを見るしかないのですが、正月特番三時間ドラマ『関ヶ原』がやっと終わってホッとしたのもつかの間、義父が正月特番三時間時代劇『宮本武蔵』かなんかにチャンネルを回すんです。

新米の娘婿としては、まさか「私は時代劇が好きではないんですよ」とも言い出せず、かといって、まだ慣れない妻の実家で「ちょっと、パチンコに行ってきます」とも言えず、一日はなんて長いんだと、絶望的な気持ちになりながら和室に逃げ込んでいました。そこで日差しの移動に合わせて猫のように日なたぼっこをしながら、寝転んで本を読んでいると、必ず目に入るのが欄間に掛けてある、「一本の樹のようにわたしは胸をはってまっすぐに立っていたい」という、延岡出身の著名な詩人渡辺修三直筆の色紙額でした。義父は詩を書く人で、その同人雑誌で渡辺氏と一緒だったご縁で書いてもらったものらしいのですが、若い私はそんなものに興味はなく、ましてや渡辺修三が誰かも知らず、毎年正月に逃げ込む和室で、必ず対面する言葉としての印象しかありませんでした。

それから何年かたって、私は高校演劇部の顧問として、『じゃがじゃがじゃん』という下手くそな芝居を書きました。それは、宮崎県があらゆる面で遅れていることを改善しようとした行政が、まずのんびりした県民性を改めるために、その象徴ともいうべき宮崎弁を使うことを禁止し、なかでも宮崎県民の怠惰を助長する方言「よだきい」の使用を禁止し、違反した者は言語矯正収容所に送られるという荒唐無稽なお話でした。どうしてそんな話を書こうと思ったかというと、当時の給料袋（現金支給の時代）に、「みんなで挑戦　なんでも参加！」みたいな標語が印刷してあって、こんなことを言うと怒られるかもしれませんが、そういう前のめりに浮き足だった風潮がなんとなくイヤだったからです。

劇ではその抵抗運動に敢然と立ち上がったのが、与田樹一郎という人物でした。与田さんは、名前自体に「よだきい」という音が入っているというので、行政から名前を変えるように迫られていた人物です。そこまで考えたときに、私の脳裏にふと、あの妻の実家で毎年眺めていた渡辺修三の詩句が浮かびました。そこで、与田さんの人物像を渡辺修三の詩に影響された父親から、

「一本の樹のように胸をはってまっすぐに生きてほしい」という願いを託されて、樹一郎と命名された人と設定しました（ちなみに、このお芝居は私が日南工業にいたときに、本校の伊黒先生のお父さんに職員劇で出演してもらったことがあります）。

そういうことがあったので、本校に赴任して校長室にこの詩句を書いた『樹木』という渡辺修三の大きな扁額があるのを発見したときは、不思議な縁を感じました。

すみません、随分長い説明になりましたね。この校長通信のタイトルを「一本の樹のように」とした理由を述べたかったのです。これから、ときどき思い出したように、孤独な校長室からのつぶやきを書きます。読み流していただければ幸いです。

（第1号・13年6月7日）

させていただく症候群

小野寺防衛大臣という人は、どういう人かまったく知りませんが、見るからに穏やかで、いい人そうな感じの方です。その大臣が、北朝鮮のミサイル騒動があったときに、「防衛措置として、都内にも地対空迎撃ミサイルを配備させていただきました」とテレビニュースで語っていて、私はちょっと違和感を覚えました。

一般に尊敬語は為手《して》敬語といって、その動作を行った相手に敬意を表明するのに対して、謙譲語は受け手敬語といって、その行為を受けた相手に対して敬意を表す表現です。たとえば、「おっしゃる」は「言う」の尊敬語ですから、「言った人」に敬意を表すことになります。「配備させていただく」は謙譲語ですから、対抗措置としてミサイルを配備された相手、つまりこの場合は、北朝鮮に敬意を払った表現になってしまうわけです。いくらいい人だからって、北朝鮮にまで気を遣わなくていいじゃないかと感じたのが、私の違和感の原因でした。小野寺大臣としては、きっと、「都内にミサイルを配備するとは何事か。いくら国民を守るためとは言え、やりすぎじゃないか」というようなマスコミや都民の批判を気にしての発言だったんだと思いますが、結果的におかしなことになってしまいました。

いつからこんなに「させていただく」表現が、世の中に蔓延するようになったのでしょうか。へりくだった表現をすれば、とりあえずは波風が立たなくていいという事なかれ主義が、日本中を覆っているような気がします。なかには「言わせていただく」というべきところを、「言わさせていただく」と言う人もいて、これは文法的誤りというだけでなく、その卑屈な精神が言葉の誤りに出ているようで醜い感じがします。と、エラそうに言っていますが、かくいう私も延高同窓会のお歴々の前でご挨拶をする時に緊張して、「この四月から、延岡高校の校長をさせていただいております段と申します」と言ってしまいましたが。

最近は、居酒屋で注文した品を持ってくるバイトみたいな人が必ず、「こちら、カルパッチョになります」と婉曲表現をしますね。「カルパッチョです」とは言いません。私は「どうも……」

と言いつつ、心の中で、「いつからカルパッチョになったんだ。お前が持ってくるときに魔法をかけてカルパッチョにしたのか！」と突っ込むことにしています。バイトとしては、「このカルパッチョは、別に私が持って来たかったわけじゃなくて、あなたが注文したものがこういう形になったんですよ。文句を言わないでくださいね」という気持ちを込めているのだと思います。

日常生活ではこんなに過剰にみんなが気を遣いあっているのに、ネット上では目を覆いたくなるような匿名の悪口雑言が飛び交っています。まあ、根っこは同じなんでしょうけど、なんともイヤな世の中になったものです。

毎日、保健室の那須先生に日誌を返すときに、不登校気味の生徒の様子等について、少し話をします。那須先生のお話だと、今の生徒は本当に周りに気を遣いすぎるくらい遣っていて、それで疲れて教室に入れなくなったり、不登校になったりする子が多いのだそうです。学校は社会の縮図と言いますが、私たちが変な日本語で過剰に気を遣い過ぎていることが、生徒たちの社会にもじわじわと影響しているのでしょうか。

（第2号・13年6月13日）

カルロス・ゴーンのことば

タイヤ会社のミシュラン（日本では、レストランの格付けで有名）を再建し、フランスのルノーで業績を上げてコスト・カッターの異名を取るカルロス・ゴーンが、日産の社長兼ＣＥＯ（最高経営責任者）になって乗り込んだとき、社内では緊張が走ったそうです。彼は三年以内で業績を黒字に回復させるプランを発表し、達成できなかったら責任を取って辞任すると公約し、実際二年でＶ字回復の結果を出しました。

現場主義を尊重するゴーンは、各工場を視察して回ります。あるとき、業績の上がらない工場を訪れると、工場内の電気は光量を落として薄暗く、エアコンの設定温度も高くてムッとするほどだったといいます。きっと、コストカッターのゴーン自らが視察するというので、実績の上がっていない工場内部では指摘される前に自己防衛策を取ったのかもしれません。または、もともとそういう形の努力で経費節減をしていたのかもしれません。そのときに、ゴーンが言ったという言葉が忘れられません。（手元にその本がないので正確ではありませんが）、「これは、従業員に対する上司のいじめ以外の何ものでもない。こんなことで経費を節約して業績を上げるのではなく、もっと本質的なところで実績を出す努力をすべきだ」と指示したというのです。

県立学校の教室に設置してあるエアコンは、夏季休業中の課外等で七月から九月の間使用することを条件に、学校が届けを出して県が許可しているという形を取っています。お金を出すのは保護者です。誰が考えても明らかですが、逆ですよね。「こんな暑い宮崎県で、しかも地球温暖化も進んでいるので、本来は設置者である県がエアコンを付けるべきですが、予算がないので付けられません。学校や保護者に多大の金銭的負担を掛けて申し訳ありません」と県がいう筋合いのものなのに、県が設置を「許可」するらしいのです。お金がないのは仕方ないとして、もっとやりようがありそうなものです。世の中には不思議な話がありますね。

また、県では「県庁夏の省エネ大作戦二〇一三」を展開していることもあって、施設内の電力使用については、さらに規制が強くなっています。原発の問題等を考えれば、できる努力はすべきだ、というのは当然の話です。

ただ、職員室や教室の暑さは、県庁内とは少し違います。また、私たち教師の授業は紛れもなく肉体労働です。規制は規制として社会状況はよく考えた上で、それぞれの職場に適した運用があると私は考えています。県の許可が七月から九月だからと言って、室内温度が三十度をはるかに超えているのに、ひたすら我慢してエアコンを使用しないというのは、理不尽な話です。また、お金を負担している保護者にも説明がつきません。

暑いときはどうぞエアコンをいれてください。ただ、そのときにもう一度振り返ってください。ゴーンが言った、「本質的なところ」の問題です。実は、四月からの先生方のコピー機の利用が増えています。十枚以上でも印刷機を使わずに、コピーしていませんか。何百枚と印刷するときに、このプリントは本当に必要か吟味していますか。一人しか残っていない職員室で、全部の蛍光灯が煌々と点いていませんか。帰るときに、パソコンをつけっぱなしにしていることはありませんか。誰もいない空き教室の蛍光灯が点いていることはありませんか。自分の家だったらもったいないと思うことを、ついつい学校では見過ごしていませんか。

一人ひとりがそういう小まめな心遣いをすれば、理不尽な我慢をしなくても、エアコンの電気代をいくらかカバーできて、より快適な学校生活を送れると、私は考えているのですが。

（第3号・13年6月19日）

延高方式の授業評価を

先日の職朝で早口で述べたことについて、もう少し説明します。

日本はOECD加盟国の中では、国家予算に占める教育費の割合が群を抜いて低いことで有名です。では、政治家は教育にはあまり関心がないのかというと案外そうでもなくて、教育改革については次々に意見を出してこられます。もちろん、なかにはいいこともありますが、学校五日制の問題にしても、ゆとり路線にしても、内閣が変わる度に、または景気の潮目が変わる度に大きく方針が揺れ動いて、学校現場としてはその度に翻弄されることになります。「生徒による先生の授業評価」というのも、教員評価制度の流れのなかで入ってきたもので、大きな視点で見ると、新自由主義思想による市場原理・競争原理にその根本的な発想はあります。

組織（学校）がその成果で評価されなければならないように、その成員（教師）も仕事（授業）によって評価されなければならないというのは、もっともな理屈です。よく、「学校の常識は社会の非常識」と揶揄されることがありますが、この考え方が学校現場にも反映されたことは、

「開かれた学校づくり」という視点では大きな意味を持っていたと思います。

そのような流れのなかで、生徒による授業評価が学校現場に入ってきて、十年くらいになります。板書はどうか。宿題の量は適当か。授業はわかるか。熱意は感じられるか等々、様々な項目について、生徒は短時間のうちに、まるでセンター試験のマークシートを記入するように、自分が教えを受けている先生の授業について、評価しなければなりません。では、このような一律の評価制度が導入されて、宮崎県の先生たちの授業がよくなって教室が活性化したかというと、私にはその実感がありません。むしろ、息苦しくなった分だけ個性的な先生や授業が減って、画一化したんじゃないかという印象があります。

もともと、多くの教育改革の制度設計は、都市部を中心に考えられます。熱心に授業をしない先生。チャイムがなっても授業に行かない先生。自分の授業について研鑽することを諦めている先生。そういう先生を想定して作られた改革は、一日に十二時間以上学校にいるのはごく普通のことで、文化祭があれば土日も返上して生徒に付き合う先生のことは想定していません。しかも本校は、県の調査によると授業に対する生徒の評価が極めて高い学校です。そういう実態のなかで、この評価の仕方に私たちが付き合わなければならない合理的な理由が、私には見つけられません。ですから本校では、生徒による一律のマークシート方式による授業評価は実施しません。

しかし一方では、私たち教師が授業改善の努力を続けなければならないことは、当然のことです。私も昔は、「先生の通信簿」を学期の終わりに生徒に書いてもらったものでした。「俺ももっとマシな先生になりたいから、なんか注文があれば遠慮なく書いてくれないかな」などと言いながら照れくさそうに自作のアンケート用紙を配ると、生徒はちょっと気を遣いながら、でもなかなか的確にいろんなことを書いてくれたものです。その言葉が授業改善の原動力になったものでした。現在のように、先生のわかる度は3.2とか、やる気は3.5とか、クラス平均の数値で見せられても、「よし、いい授業をするぞ！」という気持ちにはつながらないような気がします。

生徒の顔が見えない無機的な数字の評価ではなくて、生徒との対話のなかで授業を改善する方策を、先生方それぞれが考えて、実行していただきたいと思います。

（第4号・13年7月1日）

「千里の馬」の育て方

現代の名伯楽と言えば、皆さんは誰を思い浮かべるでしょうか。

私の場合は、少し古い話になりますが、野茂英雄やイチローを育てたオリックスの故仰木彬監督がまず頭に浮かびます。

のちにアメリカで、トルネードと称されて一世を風靡することになる野茂の変な投球フォームを、仰木監督は一切矯正しようとはしませんでした。イチローの場合は、元巨人のＶ９戦士だった土井正三氏が監督の時に一軍に上がったのですが、土井氏は細かい人でやたらと打撃フォームをいじられるので、それがイヤで自ら二軍を志願したという逸話が有名です。そこに着任した仰木監督が、いち早くイチローの才能を見いだして、「イチロー」という登録名にして売り出したのでした。もちろん、振り子打法と呼ばれた独特のフォームはいじりませんでした。それからのイチローの活躍はご存じのとおりです。

その道のベテランと呼ばれる人は経験や実績も豊富ですが、一方では新たな才能を自分の常識の鋳型にはめ込もうとするので、能力の芽を摘んでしまうこともあります。指導すべき事と指導すべきでない事と、そこらの兼ね合いが難しいのでしょう。

伯楽については、韓愈《かんゆ》という人が書いた『雑説《ざっせつ》』に有名な話があります。一日に千里を走るほどの潜在能力を持つ馬（千里の馬）は結構いるのですが、飼い主がその能力を見分けられないと、ただの大食いの駄馬としかみられず、十分な餌を与えられません。それで、千里の馬は能力を発揮しようにも発揮することができないのです。

作者の韓愈は、「名馬をむち打つのにそれにふさわしいやり方をしないので、その才能を十分に引き出すこともできない。名馬が自分にふさわしい扱いをするように泣きついても、飼い主はそれを理解できないで、『世の中に名馬というのはいないものだなあ』と、したり顔をしている」というのです。その状況に対して、韓愈は「ああ、本当に名馬がいないのだろうか。それとも馬の価値がわかる伯楽のような人がいないのだろうか」と嘆くという話です。

名馬には名馬の扱い方があります。そこで、本校の話です。先日の職員会議で教務主任の説明にありましたが、多くの学校が生徒数の減少や通学区の撤廃の影響で苦戦する中で、本校には県北の優秀な生徒が集まるようになりました。先生方からは、あるいは餌ばっかり食べて油断するとすぐにサボりたがる馬にしか見えないかもしれませんが、実際には「千里の馬」もたくさんいます。そういう生徒には、それにふさわしい扱い方もあると思います。それなのに、今までの生徒と同じような扱い方をしていることはないでしょうか。

ただ、難しいのは「千里の馬」もいれば、必ずしもそうではない馬もいるという実態に対する把握です。また、いくら千里の馬でも、最初から何も指導しなければただの駄馬で終わってしまいます。どの時期にどのくらいの負荷を掛けてやればいいのか。学習指導における「千里之馬」の扱い方について、延岡高校を挙げて研究すべき時期に来ていると思います。

生徒を後ろから追い立てるだけではなく、立ち止まって生徒と一緒に学問の深さについて感動したり、過剰な宿題を出さなくても帰ってから先生が言ったことの意味について、自分から勉強したくなるような仕掛けも必要だと思います。生徒と先生方の努力がきちんと報われるような方策について、みんなで知恵を出し合いたいものです。

(第5号・13年7月5日)

義務としての休暇

個人的な話を書きます。三十歳から五年間勤務した工業高校は、当時は夏休みの間に一日も生徒登校日がないという、今では考えられない夢のような学校でした。必然的に教員にもそれほど勤務は求められず、多くの人は研修願いを出して、それぞれ思い思いの「研修」が許されていました。

三十歳の時に、沢木耕太郎の『深夜特急』という本を読んで強烈な影響を受けた私は、もう学生でもないのに放浪の旅に出たい欲求を抑えがたくなって、夏休みを利用して中国旅行をすることにしました。福岡で私立高校の教員をしている男との二人旅です。研修願いには、「漢文の研究」とかなんとか書いたと思います。

三十三日間の旅でした。中国は今のように近代化されておらず、おまけに私は中国語が全くできないのに、ホテルも乗り物も予約なしだったので毎日がハプニングの連続で、綱渡りのような旅でした。外国人というだけで、どこの町に行っても珍しがられ、町の中で地図を開いて思案していると、あっという間に野次馬で黒山の人だかりができました。

もちろん、『深夜特急』に影響されていますから、毎晩沢木耕太郎を気取って、詳細な日記を書きました。エアコンもない安宿で、ノートの上に汗をポタポタ落としながら、夢中で二ページも三ページも書きました。こんなことは、私の人生で後にも先にもありません。それほど毎日の体験が、新鮮な驚きの連続だったのです。

やっと日本に帰り着いた晩に、長崎に住む友人が連れて行ってくれた寿司屋のタコブツのうまさは、今でも忘れません。日本はどこもきれいで、食べ物がうまくて、ビールが冷えていて、なんて素晴らしい国だと思いました。

それから、私の漢文の授業が変わったことは言うまでもありません。私は大学で漢文を本格的に勉強したことがなかったので、授業の中で漢文が一番苦手でした。「あー漢文か、よだきいなあ」なんて思って授業していました。そんな教員から漢文を習う生徒こそいい迷惑です。授業が面白いはずがありません。ところが、それ以来私の漢文の授業には「魂」がこもってきました（技術は簡単には付きません。魂だけです）。漢詩一つにしても、中国の風景がありありと浮かぶので、実感を持って語れるようになりました。三十歳の一カ月の旅が、私にとっては一生ものの財産になりました。

そんな経験がありますから、私は教員が休むことは権利ではなく、義務だと思っています。毎日の仕事で疲れてパサパサの心では、パサパサの授業しかできないでしょう。先生が目を輝かせて語るとき、生徒はその先生の背後に、学問の面白さや人生の深みを感じるのだと思います。

以前は出張に行くと、帰りに文学記念館や博物館まで足を伸ばしたものでした。管理職も、「そういう体験を授業で活かしなさい」と推奨していました。ところが、今のご時世では、出張は最短距離で行動しないと県の監査が通らないというので、残念ながらそんなことを簡単に口にできない時代になりました。

先生方が課外や部活動の指導でなかなか思うように長期の夏季休暇が取れないことは、本当に申し訳ないと思っています。せめて先生方には、「義務としての休暇」をきちんと取ってもらって、二学期に生徒と生き生きと向き合えるような「研修」をしてもらいたいと思います。

本日、鍋倉教頭先生から夏期休暇中動静票が配られました。「なんとなく出勤」や「休むと申し訳ない出勤」に○の付いている動静票は、教頭先生が差し戻しますよ。


（第6号・13年7月10日）

先生のことば

永井愛という劇作家に、傑作の誉れ高い『ら抜きの殺意』という戯曲があります。「見れる」「食べれる」など、若者のら抜き言葉を巡ってのお話です。ちなみに、私のワープロソフト一太郎は、いま「見れる」と書いて変換しようとしたら、ご丁寧に赤文字で《ら抜き表現》と警告してくれました。たまに修飾語を続けると、《修飾語の連続》とか、助詞の「の」で文章を引っ張ると、《「の」の連続》などということもあります。「お前、たかが機械の分際で、俺を国語教師と知っての狼藉か！」と斬り捨てたくもなりますが、ときどき「ず」と「づ」の文字遣いの間違いを指摘されて、密かに機械の前で赤面してしまうこともあります。もしかしたら今、日本語はパソコンのソフトが守っているのかもしれません。

話が逸れました。その劇で、何かというと「すごい」が口癖の男に、彼女が忠告します。

女「ほかにも言い様はあるでしょう。あなたはね、心に感じたことを言葉に置き換えるとき、いつもそこらへんので間に合わせちゃうって言うか、単純にしちゃうのよ。だから、本当の心を拾い出せないいって言うか、人に伝えることができないって言うか。」

男「そんな、心の表現のために、いちいち時間とってられっか？」

女「もったいないじゃない。あなたのいろんな心が、拾いそこねられて、置き忘れられて、ありきたりな言葉になって出てきてしまう。」

と、注意する女も何かというと、「って言うか」が口癖の変な日本語なのですが。

私は学級担任をしていた頃に、日誌に書き連ねられる生徒のことばが気になっていました。この時期だと、決まって「暑い」の連呼です。で、暑い暑いと書いていると思ったら、突然秋口から「寒い」になるのです。この豊かな日本の四季を表現するのに、暑いと寒いの二語しかことばがないのです。言うまでもないことですが、人は知っていることばでしか思考できません。長い梅雨が明けて、雲の天井を吹き払ったように空が晴れ渡っても、「あ〜暑い」と書けば、その瞬間にそれ以外に感じる可能性は全て消え去ってしまいます。「本当の心を拾い出せない」と彼女が言ったのは、そういうことですね。

私は以前SHRで、「これからは寒いと言わずに、身が引き締まるようだとか、思わず背筋が伸びるようだと言いなさい」と宣言したことがありました。これは、思いがけず生徒の心にヒットしたらしく、いまでは学校の先生になった教え子が、私も先生に言われたように生徒に話しています、と語ってくれたことがありました。

先生のことばが、生徒にとって大きな影響力を持っていることはいうまでもありません。いま、先生方は目の前の生徒にどういうことばで語りかけておられるでしょうか。これから三者面談や家庭訪問で、生徒の人生についての思いを聞く機会が多くなります。生徒は見た目は明るく振舞っていても、私たちには想像できないほどくよくよと思い悩んでいることが、多々あります。あのときの先生のひと言が、というのはよくある話ですが、先生の何気ないことばが生徒に希望を与えたり、絶望させたりもするのです。

などと言われると、先生方は考えすぎて生徒の前で失語症になるかもしれませんが。

（第7号・13年7月19日）

教育と脅迫

吉村昭という作家がいました。『ポーツマスの旗』で日南飫肥の小村寿太郎を、『白い航跡』で高岡町の高木兼寛の業績を紹介してくれた、宮崎県にとっては有り難い人です。この人が『破獄』という小説を書いています。これは、青森刑務所↓秋田刑務所↓網走刑務所↓札幌刑務所と四つの刑務所を脱獄した実在の脱獄犯をモデルにした小説で、読み物としても圧倒的に面白いのですが、教師である私にとっては、「人(生徒)はどうすれば変えられるのか」という視点で、忘れられない小説となりました。

脱獄王と呼ばれた佐久間清太郎が収監されてくると、看守たちは脱獄を恐れて警備を固めるのですが、どんなに警戒しても佐久間はその警備をあざ笑うかのように脱獄するのです。毎食の味噌汁を手錠に数滴ずつ落として腐食させたり、庭の散歩の時間に拾った金属片を肛門に入れて獄舎に持ち込み、コツコツと床を削ったり、床を削ると見せて天井裏に穴を開けたり、その意志力の強さを他の仕事に生かしたら、どんなにすごい事業を成し遂げただろう、と思わせるような男です。

脱獄を重ねる佐久間は、寝るときも手錠を掛けられるようになります。さらに手錠に細工しないように、布団から手を出して寝るように命令されます。しかし、佐久間は何度注意されても布団に手を入れるのです。ある晩しつこく注意された佐久間が、看守に言います。

「あんまり厳しく注意すると、あんたの見張りの時に脱走するよ」そのことばに恐れをなして、優位なはずの看守たちは次第に注意できなくなるのです。佐久間が脱獄したとき、その事実を知った所長は、「君たちは人間として佐久間に負けたのだ」と言います。脱走した佐久間はすぐに捕まるのですが、四度に及ぶ史上最悪の脱走犯の噂を伝え聞いた刑務所が、佐久間を預かることを嫌がるようになります。

最後に大宮市の府中刑務所に護送されて来た佐久間は、鉄の塊のような手錠・足錠を付けられていました。しかし、ここの刑務所長の鈴江という人物との出会いが、佐久間を変えることになるのです。鈴江は思案します。どんな要塞でも佐久間の脱走を防ぐことはできない。ではどうすればいいか。みなさんならどうしますか。

鈴江はその場で、佐久間の手錠と足錠をはずすように命じました。そして、「疲れているだろう。ゆっくりと休息をとりなさい」と声をかけます。さらに入浴も許可します。鈴江は佐久間の独房に花を飾ってやり、しばらくすると小鳥を飼うことも許可します。そうやって、少しずつ佐久間の心を開いていくのです。こうして、どんな堅牢な監獄からも脱走した佐久間は、二度と脱走することはなくなりました。

教育と脅迫は発音は一音しか変わりませんが、その意味するところは正反対です。『北風と太陽』の寓話を持ち出すまでもなく、人の心を力で変えることはできません。力によって支配された者は、表面は従順でも背中を見せたときに舌を出しています。そこにあるのは支配関係であって、信頼関係ではありません。

きのう、「体罰」の校内研修会を行いました。保健体育の都甲先生のお話も示唆に富むものでしたね。私たち教育者は体罰を手段とする限り、教員としての技能を向上させることはできないし、いい授業をすることもできないということをつくづく感じました。

かくいう私も若い頃には、宿題を忘れた女の子の小さな頭にゲンコツをやったことがあって、彼女の屈辱と痛みに対していまだに申し訳なかったと思っています。

プロの教育者として、体罰に依存しない技量を磨きたいものです。

（第8号・13年7月26日）

叱られて育つ

大川小学校の五十一分（一）

　先の大震災とそれに続いて起こった津波に関して、ずっと脳裏を離れない一つの事件がありま す。それは、石巻市立大川小学校で起こった悲劇のことです。先日、ネットで注文していた『あのとき、大川小学校で何が起きたのか』（池上正樹、加藤順子著　青志社刊）という本をやっと入手し、事件の全貌を知ることができました。

　大川小学校は全校児童が百八名で、津波が襲来したときに校庭にいたのは、児童七十八名と教職員十一名の八十九名でした。その中の七十四名の児童と十名の教職員が津波に呑まれて犠牲になりました。

　地震が発生したのは三月十一日十四時四十六分で、ちょうど帰りの会の最中でした。児童たちは先生の指導で机の下に隠れ、その後教頭がハンドマイクで避難を呼びかけて、校庭に出ました。

津波が校庭に到達したのは十五時三十七分。その間、約五十分。この間に一体何があったのか。なぜ、彼らは逃げなかったのか。私がずっと考えたのは、そのことでした。

当初新聞等では、児童たちは小高い三角地帯と呼ばれている場所に避難しようとして、学校を出た後に津波に襲われたという報道がなされていましたが、実際には児童たちは避難行動を取らず、そのまま校庭にいて津波に襲われたのではないかという疑いが強くなっています。一年以上経っても事実関係が明らかにならないので、小さな町で対立を嫌がる遺族も立ち上がらざるを得ず、市教委と遺族の間で今も話し合いが続いています。のらりくらりと言い逃れをする市教委の図式は、まるで例の大津市で起こったいじめ事件のデジャブを見る思いです。

当日、校長（早期退職）は所用のため不在で、現場の責任者は犠牲となった教頭でした。校庭には送迎用の五十人乗りスクールバスが待機しており、大津波の襲来と高台への避難を呼びかける警報は鳴り続いていたといいます。すぐ裏には、生徒たちが椎茸栽培の実習で使っていた小高い裏山がありました。助かった児童の証言では、「なんで山に逃げないの？」と訴えた児童もいたと言います。また、裏山に逃げようとして、先生から呼び戻された児童もいたと言います。職員でただひとり生き残った教務主任（病気休職中）は、「私が、どうしますか？　山に逃げますか？」と聞くと、誰が言ったかはわからないが、「この揺れの中ではダメだよ」と誰かが返答したと証言しています。

遺族の中には、先生がいなければ助かったのに、という人もいるそうです。一刻の猶予もない

中で、こうして五十分近くを校庭で費やして、彼らは津波に呑まれてしまいます。（この項続く）

（第9号・13年8月30日）

大川小学校の五十一分（二）

裏山に逃げるという想定は、マニュアルにはありませんでした。そもそも一次避難場所である校庭から逃げなければならない、という想定さえなかったと思われます。しかし、どうやらこのままでは危ない、という事態になった。もし、私がそこの教頭だったらどうしていただろうか。この事件が脳裏を離れないのは、それを考えてしまうからです。

もし、マニュアルにない裏山に逃げて、児童がひとりでも命を落としたらどうするのか。もし、へたに校庭から動いて犠牲者が出たときに、保護者から責任を問われたらどうするのか。お前に責任が取れるのか？　もしその時、自分だったらどうするだろう。迫り来る津波の恐怖の中で、児童たちは「山さ逃げよう」と騒ぎだし、先生たちは「教頭先生どうするんですか。はやく指示を出してください」と迫ったことでしょう。もし、もし、もし……。

犠牲となった教頭先生を責める資格は私にはありませんが、リーダーの判断一つで八十九名の命を救えたかもしれないと考えると、今更のようにリーダーの責任というものを痛感します。もちろん、これは教頭だけでなく、生徒の責任者として行動することの多い教師には常にあり得ることです。避難マニュアルは大事ですが、この場合は避難マニュアルを過信して、判断を誤った例だと言えましょう。

危機管理の考え方として、「悲観的に備えて、楽観的に対処せよ」という言葉があります。含蓄のある言葉だと思います。準備段階ではあらゆる事態を想定しながら、実際の場面では「よし、イチかバチかやってみよう」という思い切りも時には必要なのでしょう。

一方で、市内の全小中学生二九二六人が無事だった、いわゆる「釜石の奇跡」と呼ばれる報告があります。明治三陸大津波で、当時六五二九人のうち四〇四一人が死亡した釜石市の小中学生に徹底して教えられたのは、「避難の三原則」です。それは、
○想定にとらわれるな
○最善を尽くせ
○率先避難者たれ
という教えでした。

あの日、釜石の小中学生は見事に三原則通りに行動しました、中学生が先頭に立って駆け出し、それを見た小学生や周辺住民もその輪に加わったといいます。彼らは事前に避難場所として決められていた施設では安心せず、ひたすら走り続けて高台の広場まで登って助かりました。想定にとらわれない行動が、釜石の小中学生の命を救ったのでした。

（第10号・13年9月2日）

必要ですか？　その会議

教師の本業率（勤務時間における生徒に関わる時間の比率）を高めるためには、限りある時間の中から何を選択するか、という優先順位を明確にする必要があります。

神奈川県に浜之郷小学校という、「学びの共同体」と呼ばれるグループ学習で有名な小学校があります。ここは、職員会議は原則一学期に一回なんだそうです。でも、授業研修は毎月一回行います。学校として何を優先すべきか、という共通理解ができているのだと思います。大事だと言えば、全て大事です。その中から何を削って何を残すのか。組織として是非考えなければなりません。

一学期間、私は教頭先生と教務主任に運営委員会はできる限り隔週にしてください、と言い続けました。学校の会議の象徴とも言うべき運営委員会が隔週になれば、その他の会議もそれに近付けられるのではないかと考えたからです。会議が一時間なくなれば、その時間でどんなに多くの仕事ができるか。みなさん、よくご存じのはずです。

先生というのは、一般に会議が好きですね。自分の知らないところで何かが決まっていたりすると、「聞いてない！」と怒る人もいます。でも、限りある時間と人材です。この組織で、本当に「払うべき労力」は何か。いつも厳しく問い続ける必要があると思います。

以下は、斎藤孝さんの本からの抜粋です。ちょっとチェックしてみてください。

「あなたの会社（学校）は大丈夫か？」会議チェックリスト

一、別のこと（寝ている、絵を描いているなど）をしていても大丈夫。
二、アイディアを出さないくせに、人の意見にネガティブなコメントばかりする人がいる。
三、一人の話が長くてウンザリすることがある。
四、「それじゃあ、今までの議論は何だったの」と思うことがある。
五、判断材料がそろっているのに、「じゃあ、あとで考えよう」と大した理由もなく結論を先送りする。
六、何のために集められたのか、わからないことがある。
七、何も決まらなかったり、新しいアイディアが一つも出ないことがある。
八、人数が多すぎてディスカッションにならないことがある。
九、意見の質ではなく、声の大きさで決まることがある。
十、宮中御前会議のように、役職順に座る習慣になっている。
十一、レジュメやホワイトボードもなく、議論が宙に舞うにまかせている。
十二、「はじめから結論が決まっているんじゃないか」と感じることがある。
十三、「報告・通達・確認なら集まらなくてすむのに」と思うことがある。

十四、報告や資料説明の時間が長すぎて、一番大事なことを話し合う時間が足りなくなる。
十五、意見を言うと、「じゃあ君がそれをやってくれ」と言われそうなので、意見を控える雰囲気がある。

（第11号・13年9月5日）

宮崎駿の苦しみ

人には誰にもささやかな自慢があるものですが、私のそれは、『魔女の宅急便』以降の全てのジブリ作品を映画館で観ている、というつまらないものです。『猫の恩返し』とか『平成狸ポンポコ』とか『ポニョ』のような作品まで、映画館でお子ちゃまに囲まれて観ました。

一般にジブリ作品というと、全て宮崎駿が監督したものと思っている人もいるようですが、実際には、『天空の城ラピュタ』『となりのトトロ』『魔女の宅急便』『紅の豚』『もののけ姫』『千と千尋の神隠し』『ハウルの動く城』『崖の上のポニョ』『風立ちぬ』と、そんなに多くはありません（『ルパン三世カリオストロの城』と『風の谷のナウシカ』はジブリ以前の監督作品）。私見ですが、宮崎駿の悲劇は、ストーリーテラーとしての創作力に翳りが見えてきた『魔女の宅急便』から爆発的に観客動員数が伸びて、国民的な支持を得たことだと思います。

『もののけ姫』は大ヒットしましたがストーリー的には破綻していて、どっちつかずの優柔不断な主人公が、内股膏薬的に自然と人間の関係を取り持とうとして走り回る様は、見ていて滑稽な感じがしました。巨大化したシシ神が暴れ回る最後の場面は、無残でさえありました。『もののけ姫』を完成させた後、宮崎監督が最初の引退宣言をしたときは、「だろうなあ。作ることがよっぽど苦しかったんだなあ」と、勝手に私は思いました。

『千と千尋の神隠し』は、好きな作品ですが、カオナシが巨大化して暴れ始めたときは、またもののけ姫の再現かな、と心配しました。それから海上を走る列車に乗って、千が湯婆婆の姉（妹？）に会いに行くという不思議なシーンになります。宮沢賢治の『銀河鉄道の夜』を思い出させるこの場面が私は大好きなんですが、のちに宮崎監督はこの海上のシーンが閃いたことによって、あの映画は完成させることができた、と語っています。

『ハウル』について、先日の記者会見で「のどに刺さった骨のように悔いが残っている」と、宮崎監督は語りました。この作品は、主人公がなぜ戦っているのかさえ私には最後までわかりませんでしたが、でも、観て損したとは思いませんでした。冒頭のハウルの城が登場する、あの迫力と美しさ。それを観られただけで、もう満足だと思ってしまいます。物語作家としての創作力には翳りが見えても、アニメーターとしての作品世界の美しさは、圧倒的だと思います。作品がヒットして、巨額の制作費を掛けられるようになった分、アニメとしての完成度はさらに高くなっていると思います。

実は、最新作の『風立ちぬ』は二度観ました。同じ映画を映画館で二度観るというのは、加山雄三の『エレキの若大将』（古い話です）以来です。二郎の人間的魅力や菜穂子の潔さなど、ストーリー的にも惹かれるものはあるのですが、なぜ二度観たかというと、作品世界の美しさをもう一度味わいたかったのです。戦前の日本の原風景、草原を渡る風の表情、音もなく降る雪の美しさなど、なんだかとても懐かしくて落ち着くのです。

で、先日、職員室で国語の木原先生に「『風立ちぬ』を観たね？」と聞いたら、「私は宮崎駿のアニメには一ミリも（！）感情移入できません！」とバッサリ斬られて、「じぇじぇじぇ！」（すみません。使ってみたかったのです）とたじろぎました。助けを求めようと漫画好きの中尾佳代先生に、「どう思う？」と振ったら、「私も宮崎アニメはあまり見ないんです」と、とどめを刺されました。いや、人にはそれぞれ好みがあるから面白いんですけどね。

今の高校生が大人になった頃、「お父さんはね、宮崎駿の映画をリアルタイムで観たんだよ」と言って、子どもたちに羨ましがられる時代が来るんだろうなと、私は秘かに信じているんですが。

『風立ちぬ』は現在、延岡シネマで上映中です。

（第12号・13年9月20日）

叱られて育つ

中間考査が近付いてきました。先生方は問題作成で大変だと思います。私が新任として赴任した学校の国語科は、試験問題検討会が大変厳しい学校で、定期考査は一週間前から二、三日掛けて検討するのが普通でした。校内実力ともなると、まず素材文を探すところから全てオリジナルというのが伝統でした。

私が一緒に組ませてもらったのは、長尾博章先生と瀬戸久夫先生という方でした。初めての問題検討会の場で、私が徹夜同然で作った問題を長尾先生は、「段さん、こらダメじゃが。作り直して来ない」と言われました。生意気盛りの私は、憤懣やるかたなかったのですが、先輩の言葉だから仕方ありません。ワープロもコピーもない時代です。翌日、ひと晩かけて下手な字を五ミリ方眼にコツコツと並べて作り直していくと、長尾先生は私の素材文をそのまま使って、自分でも問題を作ってこられたのです。それまで、口うるさくて煙たい人だと敬遠していた長尾先生の人柄に初めて触れた気がしました。しかも、同じ素材で作った二人の問題の質の差は歴然です。グウの音も出ませんでした。

また瀬戸先生からは、前の晩に遅くまで飲んで遅刻した日に（とんでもない奴ですね）、「ダンちゃん、飲んだ翌日は這ってでも出て来ない」と叱られました。それから一年間、二人の先生には昼も夜も徹底的に鍛えられました。今でも頭が上がりません。生涯の恩人だと思っています。

初めて県進学研模試の検討委員になったのは、二十代後半でした。今は嫌がる人も多いと聞きますが、私はなんだか国語教師として一人前だと認められた気がして、嬉しかったものです。検討委員の相手をしてくださったのは、佐伯一郎先生という方でした。佐伯先生はとにかく褒め上手で、私が何かアイデアを出すと、「ダンちゃん、そらいいわ。あんたさすがやなあ」と必ず褒めてくださるのです。検討会は夜の十二時近くに及ぶこともありましたが、自分が何か大きな仕事をしているような充実感もあって、全く苦ではなかったですね。いい先輩に恵まれたとつくづく思います。

ぺーぺーだった私も、いつしか若い人にエラそうにものを言う年になりました。ある時、検討会で若い女の先生が全く修正に応じないで、「これが私のやり方です」と言われるので、「あんた、若いときからそんなに固かったら、これから長い教員生活で成長せんよ」と意見したら、泣き出されました。それから一時間以上、彼女はハンカチで鼻をグスグス言わせて検討会は続きました。ちょっと異様な光景でした。家に帰って晩酌していたら、その先生から「先ほどは済みませんでした」と電話が来ました。こういう素直さは大事ですね。私は自分は大した教員でもないクセに、試験問題検討会の時だけは、やたら口うるさい教員でした。それは、若い頃に自分が受けた恩を返す機会だと思っていたからです。

試験問題を見ると、その先生がどんな先生かわかると言います。私は、ムダな会議はやめましょうとよく言いますが、試験問題作りはどんなに多忙でも、粗略にしてはいけないと思っています。それは、教師の根幹に関わることだからです。授業が手作りであるように、できれば試験問題も出来合いのコピーよりも手作りの方が、生徒との信頼関係は築けると思います。最近、ＯＪＴ（オン・ザ・ジョブトレーニング＝同僚性による職場での訓練）ということがよく言われます。幸い本校には、参考にしたい先生方がたくさんいらっしゃいます。外に出て学ぶこともたくさんありますが、まずは職場内の人間関係の中で、学び合う環境を作りたいものです。

（第13号・13年9月30日）

双方向性の授業とは

国語科の九州大会が十一月に宮崎で開催されるというので、名ばかり部会長の私が挨拶文を書くことになって、一週間ほど大会テーマの「双方向性の授業」ということについて、にわか勉強をしました。

「双方向性の授業」とは、わかりやすく言えば、対話型とか生徒参加型と言い換えられそうです。うちで昨年研修したアクティブ・ラーニングもその手法のひとつだと言えます。本校ではちょうどいま、研究授業月間ということで、先生方の授業を観せてもらっています。後ろから授業を観ることが多くなって気付いたのですが、「いい授業」には必ず対話の要素がありますね。

では、対話があればなんでもいい授業になるかというと、必ずしもそうではないようです。対話型の授業の欠点としてよく指摘されるのは、生徒が活発に参加しているように見えて、実は上滑りするだけで空騒ぎのような授業になって、深い理解や認識に到達しない恐れがあること。また、一部の「強者」だけが授業に参加できて、「弱者」はわからないとも言い出せず、黙ったまま終わりのチャイムを聞かなければならない、ということです。さらに、教えるべき知識量が多い高校の授業には不向きだと指摘する声もあります。

ひと口に対話と言っても、先生と生徒との間で活発に応答し合うものもあれば、生徒は黙って先生を凝視しているけれど、頭の中では盛んに先生と対話しているということもあります。逆に、見た目は対話が成立しているように見えて、クイズで終わってしまう授業もあります。それは、延々と知識の応酬だけが繰り返される授業です。知識は理解に至るためのツールであり、武器です。手に入れた知識を武器に思考して、理解への階段を登らなければ、授業はクイズ合戦で終わってしまいます。

今日、地理の米田先生の授業を観せてもらって、面白いなと思いました。地理でこういう授業もできるんだな、と思いました。

単元はアフリカの植民地支配というものでした。淡々とした先生の発問を推進力に授業は進んでいきます。アバウトと言っては失礼ですが、大局的な認識を生徒に理解させているように感じました。板書もありませんし、教科書のどこを学習しているということもあまり意識しません。

また、私だったらやってしまいそうですが、発問を畳みかけて「ドラマチック」に生徒を追い詰めていく、ということもしません。

先生が問う。生徒が知っている知識で答える。さらに問う。生徒が知識を使って考える。少し周りの人と考えさせる。生徒が思考の階段を上る。そうやって、淡々とクラス全体の認識のレベルが上がっていく。そういう感じです。授業が終わったときに、断片的な知識ではなく、「ああ、アフリカの植民地支配ってこういうことだったんだな」というぼんやりとした全体像が残るような気がしました。

授業が終わると、終わりのあいさつもせず、「サヨナラ」と言って米田先生はさっさと去っていきましたが、生徒は家に帰って今日の知識を復習したくなるんじゃないかな、と思いました。

この授業、どうなんでしょうか。授業のメソッドとして、私には新しい可能性のように思えて新鮮でしたが、同じ実践者として先生方はどう思われるでしょうか。みなさんの考えを聞いてみたいような気がしました。

（第14号・13年10月11日）

キャリア教育と出口の接続

先週行われた一年MS科医師体験で、平田東病院長の講話を聞きました。平田先生は本校卒業生で、学校評議員もお願いしている方です。評議員会でのご発言内容や、また本校生に対して、「国立の医学部がダメで、私立に行くときお金が足りないなら相談に来なさい。出してあげるから」とまで言ってくださるという話を渡部先生から聞いて、前々から関心があったのです。

とてもいいお話でした。日常的に死と直面しなければならない医者としての思いとか、今まで生きていた人が目の前で死んでいくというのはどういうことか、ということを体験をもとにお話しされました。私は人の話を聞いて、じわじわと心が動かされるという感覚を久しぶりに味わいました。

質問の時間になって、女子生徒が「この病院では、スタッフをキャスト、患者をゲストと呼ぶのはどうしてですか？」と質問しました。いい質問ですね。平田先生が言われるには、患者というのはたまたま病気になった人の状態を指す言葉だから、一般によく使われる患者様という使い方はおかしいのではないか。そもそも、患者様という不自然でちょっと卑屈な感じがする語感も気になるから、とのことでした。

では、スタッフをキャストというのはどうしてか。私たちが医師や看護師をしているのは、仕事として役割を演じているという意識が必要だから、とおっしゃるのです。「私は今も私利私欲もあるし、欠点もたくさんあるけれども、医者となって医者を演じるということがもしなかったなら、今よりもっとつまらない人間になっていたと思います。仕事として演じる以上は、本当の自分がどうであろうと、ゲストにとっていい病院のいい医者を演じることが必要だからです」とのことでした。そして、いい病院とは何かというと、「もし、自分の家族だったら、この病院で治療を受けさせたいと思うか」ということが基準だと言われるのです。

私はいつしか、病院を学校、医者を教師として聞いている自分に気付きました。先生方はすでにお気付きかもしれませんが、私自身はかなり暗くて執念深くて偏執的な人間です。でも、教師として生徒と接していたときは、陽気でさっぱりとして開放的な人間を演じようと努力していました。私は演劇部の顧問でありながら、忘年会での演技は「大根役者！」とよく言われていたので、この心掛けがうまくいったかどうか自信はありませんが、働くということは、キャストとしてそのポジションにキャスティングされていることだと、今更ながらに教えられた次第です。

話は変わりますが、ＭＳ科では先生方の努力のお陰で、手術体験や医師体験・講演会など様々な手厚いキャリア教育が行われています。私は素朴な疑問として、あの感動的な平田先生の話を聞いた多くの生徒が、なぜ医者になるという志を最後まで持ち続けられないのか。医者になることが簡単ではないのはよく知っていますが、それでも医者になりたいという気持ちのまま受験会場まで連れて行けないのはなぜなのか、ということを考えました。

浪人してでも初志を貫徹するという学校文化も必要だと思いました。キャリア教育と出口との接続という視点で、私の責任として考えなければならないと思いました。

（第15号・13年10月24日）

校内読書旬間に寄せて

先週まで、図書部が校内読書旬間のキャンペーンを行っていました。図書部の田中先生にお尋ねしたところ、現在までの貸出冊数は一九五〇冊で、これは同時期の一昨年（八五三冊）、昨年（一五二七冊）を大幅に上回っています。図書部の先生方の努力と工夫の賜かと思います。施設の古さを嘆いても仕方がないのですが、あの暗い一階玄関を通って、図書館に生徒を呼び込むというのは、大変なことだと思います。あの玄関の薄暗さは、日本の教育行政の貧しさを象徴しているような気がします。おっと、また余計なことを言いましたね。

さて、せっかくなので本の紹介をします。最近読んだ本で圧倒的に面白かったのは、沢木耕太郎の『流星ひとつ』（新潮社刊）という本です。これは、この八月に飛び降り自殺した藤圭子に、一九七九年に筆者がインタビューして、その後三十四年間お蔵入りしていた原稿を急遽出版した本です。その理由について沢木は、「二八歳のときの藤圭子がどのように考え、どのような決断をしたのか。もしこの『流星ひとつ』を読むことがあったら、宇多田ヒカルは初めての藤圭子に出会うことができるのかもしれない」と書いています。

沢木耕太郎という人は時流に乗ろうという作家ではありません。宇多田が藤圭子の死後に発表したコメントに、「幼い頃から、母の病気が進行していくのを見ていました」とあるのを見た沢木は、精神を病んでいた「母」の「精神の輝き」に出会わせてあげたかったのだと述べています。

宇多田ヒカルが『オートマチック』という楽曲とあの変な踊りで衝撃的に現れたときに、私たちの世代は、「あの藤圭子の娘か！」と驚いたものですが、今の若い人は、藤圭子が自死したときに、「あの宇多田ヒカルのお母さんか！」と驚いたはずです。ここには、昭和と平成のギャップがあります。北海道を流していた盲目の三味線弾きの母と浪曲師を父に持ち、極貧の中で育った「怨歌の申し子」から、どうしてあのぶっ飛んだ娘を想像できるでしょう。昭和と平成の距離はそのくらいあるのだと思います。

「十五、十六、十七と私の人生暗かった。過去はどんなに暗くても、夢は夜ひらく」という藤圭子のヒット曲は、疑うことなく自伝的なものだと私たちは信じました。また、当時の藤圭子の容貌の美しさは特筆すべきもので、坊主頭で田舎の中坊だった私は、特別なファンでもないのに、ケース型下敷きの間に彼女のブロマイドを挟んで、授業時間にうっとりと眺めていたくらいです。

なんと潔くて正義感の強い人、というのが一読した感想でした。当時付き合っていた前川清と十九歳で衝撃的な結婚をしたのも、事務所が話題作りのために週刊誌にリークしたのに腹を立て、半ば意地になってのことだったと言います。

自分が婚約していたときの新曲に、「惚れていながら、身を引く心」というフレーズがあると、「(当時人気歌手だった)前川さんを好きだった女の人はきっといくらもいただろうに、その人たちに対して空々しくて歌えない」と、歌唱を拒否したりもしています。

前川清と離婚した後は荒れた生活になるのですが、大勢で夜遊びしても「他人に払わせるのは申し訳ないから」と、いつも自分が奢ったり、売れない歌手を好きになってデートするときは、先にお金を渡しておいてその男が払うように気を遣ったりするというエピソードも印象的でした。そこには、私たちが藤圭子という人に抱いていたイメージとは全く違う人物がいました。

詩人の吉野弘は、「夕焼け」という有名な詩で、「やさしい心の持ち主は／いつでもどこでも／われにもあらず受難者となる」と言いましたが、晩年の藤圭子が次第に精神を病んで奇矯な言動が多くなったのも、そういうことだったのかなと思いました。

痛ましい限りです。

（第16号・13年10月28日）

教師の尊厳とは何か

ケータイ、スマホの時代に

高校生の頃、夜ひとりで起きて勉強したり本を読んでいたりすると、無性に淋しかったものです。若い頃って、どうしてあんなに淋しいんでしょうね。で、「大石吾郎のコッキーポップ」（誰も知らないでしょうが）とか、「オールナイトニッポン」とか、家族の寝静まった部屋でボリュームを絞って、ラジオに齧り付くようにして聞いていました。

ラジオから流れる中島みゆきの陰々滅々たる歌声に慰められたのも、その頃でした。でも、人はずっとそんなに淋しいかというと案外そうでもなくて、年を取っておじさんになると、そんな時代が自分にあったなんてまるでウソのようです。焼酎を飲んで、テレビを付けっぱなしにして眠り込んでしまうようなオヤジに、人生の淋しさなんてもはやありません。

友達に電話をしようにも、当時は電話というのは居間に一台しかなくて、高校生のガキが人生の孤独について語るようには出来ていませんでした。好きだった女性と電話で話ができたら、どんなに慰められるだろうかとも思うのですが、女友達に電話でもしようものなら、家族全員がコタツでテレビを見ているふりをして、全身を耳にして聞いていました。そんな時代でした。

今日の「生徒指導部通信」によると、本校生の九割が携帯を持っていて、毎日一時間以上使用している生徒が五割います。その中でどれくらいの生徒が、記事にあったように、「友達集団から仲間はずれにされたくない」という思いで、メールやＬＩＮＥをしているのでしょうか。「子どもの友達関係は広く浅くなっている。一枚の薄紙みたいな絆を保とうとして必死にＬＩＮＥにすがっているのだろうか」という文中の養護教諭のことばが印象的でした。

私の高校時代にもし携帯があったら、どうしたでしょうか。きっと、勉強もそっちのけで、夜も寝ないで没頭したと思います。人生で一番淋しくて人と繋がっていたいときに、そんなツールを与えられたら誰だって夢中になりますよね。でも、私たちの世代は、少なくとも仲間はずれにされたくなくて、というのではないような気がします。

若い頃は少し貧しくて、不自由な方がいいですね。でも、こんなに豊かで便利な時代に生まれたことは彼らの責任ではありませんから、私たち大人は大人の責任として彼らを助けてあげなければなりません。私たちが学校でできることは、とりあえず二つあると思います。

一つは規制をかけてあげること。既読無視と呼ばれることがつらくて、返信し続けなければならない生徒に、「学校から十時には電源を切れと指導されているから」という口実を作ってやることは、方策の一つです。

もう一つは、「そんなものは本当のコミュニケーションでもなければ、友情でもない！」と、「大人の人生観」を語ってやることだと思います。LINEなんかで本当の友情は育たない。そんなものは嘘っぱちだ。まやかしだ！　まぼろしだ！　ひとりで昼ご飯を食べることを恐れるな！と。

先生はそんなに簡単に言うけど……、と生徒は思うでしょうが、それでも私たちは、彼らが本当の友情に出会うための人生観を語り続けなければならない、と思います。それは大人の義務です。先生が教壇からそう語ることで、すぐにではなくても救われる生徒は必ずいると思います。

（第17号・13年12月3日）

反転授業について

最近、あちこちで反転授業という言葉を聞くようになりました。学校で勉強する範囲は、事前に家で動画などで勉強しておいて、授業時間にはわからなかったところを先生に聞き、さらに内容を深めた発展学習をする、というような授業形態のことをいうようです。これまでの予習の概念を一歩進めた学習になります。どんな学校でも出来る学習形態ではありませんが、ある程度意欲のある生徒が通う学校では、不可能なことではありません。反転授業の一番の利点は、生徒が能動的になるというところです。

先日、国語教育の全国大会で講演した文科省初等中等教育局教科書視学官という舌をかみそうな肩書きのエライお方は、「先生が授業の半分以上を喋り続ける授業はダメです」と物騒なことを言っていましたが、この反転授業の概念は、私たち教員がこれまで営々と磨き続けてきた授業の技量とか方法論について、ある意味では根本のところから覆すような革命的な考え方です。

それで、以前読んだ本を思い出しました。動画は使いませんが、発想の原点は同じだなと感じたのです。それは、『レイコ@チョート校～アメリカ東部名門スクールの十六歳～』（岡崎玲子著　集英社新書）という本です。この本は、アメリカの名門プレップスクール（寄宿制私立高校）に単身留学した女生徒の一年間の体験記で、青春記としても読み応えのある面白い本です。

入学して初めての数学の時間について、彼女はこう書いています。

《しかし、なんといっても、数学の授業スタイルが、今まで慣れてきたものと全く違うので、戸惑った。宿題は、新しい章を読んで、問題を二十問ほど解くこと。宿題は、授業で学んだページではなく、次の章だから全く知らない事項ばかり。何より量が多いから、今夜中に解くことはとても無理だ。》

夜遅くまでかかっても、全部は終わりません。仕方なくベッドに入りますが、翌日の授業がどうなるか、岡崎さんは不安でいっぱいです。

《ところが次の日、数学の授業が始まり、驚いた。先生が教室に入ってくるなり、生徒が前の晩の宿題でわからなかった箇所を口々に質問するのだ。昨日できなかった箇所を解決しておかないと困るのは自分なので、みんなアグレッシブだ。》

岡崎さんがゆうべできなかった問題も、先生に取り上げられます。《なんだ、全部できなくてもいいじゃん。心配して損した。》そして、《授業は、わからないところを解決する場だということに、私はこの時、初めて気付く。》とアメリカでの授業体験を綴ります。

世界史の授業ではこうです。《ディスカッション中心の授業に積極的に参加する為には、当日の授業の範囲のテーマや時代背景をできるだけ把握しておく必要がある。授業とは前日の予習を基に意見交換し、さらに理解を深める場だから、宿題で自分が新たにわかったこと、まだわからないことを明確にしておくことが不可欠だ。》

この本を読むと、予習の必要性が、「疑問を持って積極的に授業に臨むため」だということがわかります。ここには「やらされる勉強」から脱却して、「自ら主体的に学ぼうとする勉強」の面白さに気付いた若者の姿が描かれています。

読んでいるうちに、私はアメリカの大学に短期留学した教え子の言葉を思い出しました。世界中の国から学びに来た学生が、われ先にと発言する姿に衝撃を受けたというのです。彼我の学生の積極性の違いに愕然とした教え子は、「このままでは日本は滅びると思いました」と、『三四郎』の広田先生のようなことをため息交じりに語りました。

もちろん、アメリカと日本では国民性が違いますし、岡崎さんが在籍した学校はアメリカでも有数のエリート校ですから、日本でも同じようにいくとは思いません。でも、私たちが学ぶべきことはたくさんありそうです。

（第18号・13年12月6日）

ロールモデルを持つ

三十代の頃、自分の理想の教師像を手探りして、繰り返し観た映画と漫画があります。映画は、ピーター・ウィアーが監督して名優ロビン・ウィリアムズ（「グッド・ウィル・ハンティング」「パッチ・アダムス」など）が主演した『今を生きる』で、漫画は当時話題になった『家栽の人』（毛利甚八作、魚戸おさむ画）という家庭裁判所の判事を描いたものです。主人公はどちらも少しおっとりとして、ちょっと変わった人物でした。

若い頃の私が教師として失敗するパターンは大体いつも決まっていて、ひとりで熱くなって、「どうして俺の気持ちがわからないんだ！」とばかりに、ムキになったときでした。だから、この二人の主人公に惹かれたのだと思います。

『今を生きる』のキーティング先生は、全寮制エリート校の伝統と格式ある母校に国語の教師として赴任します。彼は初めての授業で、緊張する生徒の前に口笛を吹きながら登場します。詩論の授業では詩の評価についてテキストを読ませた後、「テキストを破り捨てなさい。詩のよさはそんなグラフでわかるものではない」と言い放って、生徒を驚かせます。そして、シェイクスピアをマーロン・ブランドの物まねで朗々と吟じたり、生徒に即興の詩を演じさせたりします。キーティング先生との出会いによって、それまで良家の子息としてレールの敷かれた人生を歩んでいた生徒は目覚めます。すると、当然のように学校や実家と軋轢を起こし、ある者は退学し、また自死に追い込まれる生徒も出てくるのです。

この映画について、脚本家で私の敬愛する山田太一氏（『ふぞろいの林檎たち』や『岸辺のアルバム』）は、あるエッセイで「こんな無茶な先生がいるか」と怒っていました。松下村塾を引き合いに出すまでもなく、そもそも教育というのは人格と人格が火花を散らし合うものですから、すぐれた教師に出会うと結果的にそういうこともあるのかなとは思いますが、それについては意見の分かれるところだと思います。

この映画で好きなシーンが二つあります。ひとつは、悩んだ生徒がキーティング先生の部屋に相談に行く場面です。普段はユニークで破天荒な授業をする先生が、暗い部屋でひとりで教材研究をしているのです。「普段は、禁欲的なんだ」と先生は言います。あの奇抜な授業を支えているのは、この地味な姿なのだなと妙に心に残りました。もう一つのシーンは、学校側から説諭された生徒が自暴自棄になっているところにキーティング先生が現れて言います。「最近無茶をしているらしいな。気をつけろよ。学校を辞めると、私の授業を受けられなくなるよ」と。三十代の私は、いつかそんな台詞が言える先生になりたいと憧れたものでした。

私はもともと自分のキャラが緩いこともあって、キーティング先生を自分のロールモデル（お手本）と思い定めました。二十代の頃は、ビシバシ生徒を管理して、宿題も四十人分の課題帳が完璧に机に積み上げられる同僚が羨ましくて、毎年四月になると、「今年こそ」と思って頑張るのですが、元来がそんなキャラではないのです。厳格に接しようと思っても、すぐ、「な～んちゃって」と言いたくなるのです。自分のキャラを決めつけて限界に挑戦しないのは問題ですが、かといって、自分と全くかけ離れたキャラを演じるのもキツイものです。若い頃はそういう試行錯誤を繰り返していました。そんな中で出会った教師像が、キーティング先生だったのです。

さて、束の間の冬休みが来ますね。いつも言いますが、先生は元気でないといけません。先生の背中の向こうに、生徒たちは大人になることの憧れや、人生の喜びを見いだすのです。三年の先生方は忙しくてなかなか時間もないと思いますが、年末年始のわずかな休暇に、そんなことでも考えながら、本を読んだり映画を観たり、イカ釣りをしたりして（これは私でした）、リフレッシュしてもらえればと思います。

では、よいお年を。

（第19号・13年12月27日）

「これを、〇〇とする」

話は少し古くなりますが、『だんご三兄弟』という歌を作詞した佐藤雅彦さんというメディアクリエーターがいます。当時はたしか電通の社員で、電通時代は「バザールでござーる」等のコマーシャルを作った人です。今は東京芸大の先生をしてます。この人が、『毎月新聞』という面白い本を出しています。

その中に、「これを〇〇とする」という話があって、なかなか考えさせられます。

佐藤さんがハンガリーに旅行したときに、伝統料理の赤ワインを発酵させたスープを飲まされて、みんな「まずい！」とひと口でスプーンを置いてしまったのだそうです。ところが、その中の一人の女性が、「もしかして、ここの人たちはこれをおいしいとする？」と言いながら、恐る恐る口に運んでから、「みんな、騙されたと思って、もう一口飲んでみて」と言ったのだそうです。それで、あの腐ったような味をまた味わうのかと、渋々飲んでみたら、さっきより変ではない。もう一口入れると、こんどはさらにおいしいような不思議な味に感じて、もう一口飲むと、今度は確実にうまいと感じたというのです。そして、「この歴史ある国が創り上げた独特の味わいを、まるでスプーンひと口が百年と言ったような感じで我々は追学習していったのだ。僕も呟いた。これをおいしいとする」と書きます。

私は納豆が大好きですが、あの腐ったような匂いをおいしいと思うようになったのも、同じようなことだと思います。きっと家族が、「これをおいしいとする」と、幼い私に刷り込んだのだと思います。塩辛、ぬか漬け、チーズ、焼酎。最初から、おいしいと思ったものは何もありません。でも、不思議なもので、こういう臭いものほど、おいしいと認識すると病みつきになるものですね。もし最初のひと口で、まずいから二度と口にしたくないと頑なに拒んだなら、一生そのおいしさに気付かずにいたかもしれません。

関西では面白がる人を、「面白がりん」と呼ぶのだと誰かが言っていましたが、私たち教師は生徒の前では「面白がりん」でなくてはならないと思います。

難しい数学の問題が美しく解けたとき、「うーん、数学って面白いなあ」と数学の先生は、生徒に秘かに聞こえる程度の小さな声で（演技でもいいから）、呟いてみる必要があると思うのです。すると生徒は、苦痛だと思っていた数学を前にして、「これを面白いとする考え方があるのか！」と、ハタと目から鱗が取れるはずです。

そのことを佐藤さんは、「自分が理解できないということは、自分の中にその価値を認める体系が無いということである」。いわば、「これを○○とする」と言うことによって、その体系を自分の中にインストールすると、「それを包含している新しい体系が見えてきて、現実のこの世界を前より上手く解釈できる」ようになるというのです。考えてみると、勉強するということは、この新しい価値体系を自分の中に創り上げることだと言い換えられるかもしれません。

面白い考え方ですね。私の偏見かもしれませんが、一般に偏食の激しい人は、人間に関しても好き嫌いが激しかったり、物事に関しても狭量であることが多いような気がします（アレルギーは別ですよ）。学校の先生は、「勉強嫌い」という偏食の生徒に新しい価値体系を作ってあげるために、教壇で「これは面白いなあ」と、勉強の味わい方を刷り込んでやることが大切かなと思います。

（第20号・14年1月31日）

大人のいない社会

夏目漱石が小説『坊っちゃん』を発表したのは、明治三十九年でした。愛媛県松山市に新任中学校教諭として赴任した、破天荒な正義漢の江戸っ子青年教師が主人公です。『坊っちゃん』の教師像は、その後ながらくテレビの学園ドラマに登場する熱血青年教師の典型のようになりましたが、実は意外なことに主人公が生徒に発する言葉は、「田舎者」「卑怯」「豚」という悪態だけで、生徒への愛情は全編を通して全く描かれていません。

おまけに暴力事件を起こして松山を出て行くときのことを、「不浄の地を離れた」と言います。ちなみに、美術教師のうらなり君は、教頭の赤シャツに婚約者のマドンナを奪われた上に延岡市に飛ばされるのですが、それを聞いた坊っちゃんは、「延岡と言えば、サルと人間が半々に住んでいるところじゃないか」と憤って、ほとんどとばっちりみたいに登場するのが延岡市です。当然のことながら、うらなり君が飛ばされてきたのは本校の前身に当たる旧制延岡中学校ですね。

この小説の根底にあるのは、江戸の美意識を最良と信じて、地方を下に見るという揺るぎない差別意識です。でも、そこまで言われながら、漱石に松山市が抗議したという話は聞いたことがありません。もちろん、延岡市もそうです。現在松山市に行くと、坊っちゃん湯という有名な温泉があり、坊っちゃん煎餅もあって、おまけに松山市は「坊っちゃん文学賞」まで創設しています。したたかな大人の対応と言わざるを得ません。

さて、どうしてこんなことを書いたかというと、村上春樹が文藝春秋の昨年十二月号に書いた短編小説の一節が問題になっているからです。

北海道に中頓別という町があるんだそうです。「~火のついた煙草をそのまま窓の外に弾いて捨てた。たぶん中頓別町では、みんなが普通にやっていることなのだろう。」という作中の表現に対して、ある町議が「町への偏見と誤解が広がる」として、抗議しているというのです。町議会で抗議すべしという提案は、議会決議に「なじまない」という理由で否決されたそうですが、たしかに、町のために粉骨砕身活動している町議からすると、許し難い表現だったのかもしれません。または、この町はタバコのポイ捨て撲滅運動に熱心な町なのかもしれません。

事情を知らない外部の者がとやかく言うことではありませんが、最近日本人はこういう問題に対して、随分不寛容になったなあ、というのが私の印象です。何かあると、すぐに過敏なほどに反応します。町議の気持ちもわからないでもないし、作家は何を書いてもいいとも思いませんが、きっとこういう抗議が現代日本を代表する作家の創作意欲や筆を鈍らせるんだろうな、と思うと複雑な気持ちになります。

いつから日本人は、こんなに不寛容な国民になったのでしょうか。私の個人的な感想ですが、数年前に中東の危険地帯にボランティアで行った人たちが人質に取られる事件があって、自己責任という言葉が吹き荒れた頃からのような気がします。明らかにあのときを境に、日本という社会の潮目が変わったような気がします。それは、終身雇用と年功序列が日本型社会の旧弊だとたたかれ、市場原理・競争原理が吹き荒れて評価制度が日本にも導入され、非正規雇用が増えた時期と一致するように思います。

作家の曾野綾子がこんなことを書いています。

「大人になるというのは、妥協することではなく、他者の事情を深く闊達に複雑に、相手に対する尊敬と自分に対する自信とを持って、おおらかに理解できることだ。」

味わうべき言葉だと思います。つまり、日本には大人が少なくなったのだと思います。こんなことをするからには、きっと何か理由があったんだろうな、と相手の事情まで忖度できるのが、大人というものです。

すぐにいらいらしない。すぐに怒らない。それは、曽野綾子が言うように、「相手に対する尊敬と自分に対する自信」がないと、できないことだと思います。

（第21号・14年2月7日）

教師の尊厳とはなにか

中曽根内閣で官房長官を務め、カミソリの異名で知られた故後藤田正晴が、警察庁長官の時に始めたのが交通反則切符制度です。

そのとき後藤田は、警察官に「交通違反を見つけたら切符を切りなさい。ただし、切るときに説教をしてはいけない」と指示したという話が有名です。

つまり、軽微な違反に対して反則切符を切るという行為は行政処分としての仕事であって、刑事処分ではない。説諭は行政官の職分を逸脱した行為である、という趣旨だったと記憶しています。ですから、皆さんは経験があるかどうか知りませんが、白バイの警官は、「ちょっと、スピードが出ていましたね」とは言いますが、「こんなにスピードを出していいと思ってるんですか！」とは、決して言いません。

さて、学校の先生はどうでしょうか。「君はちょっと遅刻が多いですね。これで四回目ですから、切符を切っておきますよ」という行政官のような発言は、教師にとってほとんど無意味です。私たちの仕事は、警官が淡々と反則切符を切るように処分することをよしとしません。むしろ、遅刻をする生徒の今後の人生を心配して、説諭するのが仕事です。

「ばか！　そんな甘い考えで生きていけると思っているのか。遅刻ばっかりする人間は誰も信用しないぞ！」と、そこまで踏み込んでいいのか、と思えるような人権ギリギリのところまで踏み込むことも珍しくありません。また、進路に悩む生徒や保護者に、「そんなに簡単に夢を諦めていいのか？」と、人生を左右しかねない発言をしなくてはならないこともあります。それが、教師という仕事の特殊性です。これを教師の専門職性と言います。そこまで他人の人生に踏み込む仕事が、世の中の一体どこにあるでしょうか。今どき、口うるさい大工の棟梁でもここまでは言いません。私たちの仕事が、生徒に説諭をしなければならない仕事だということは、教師にとって大きな意味を持ちます。

それは、全人格を求められる仕事です。だから、教育にはこの人の指導だったら素直に聞ける、という信頼関係と指導者に対する敬意が必要なのです。それは、行政処分をする行政官が、敬意や信頼関係を必ずしも必要としないのと対照的です。

今朝、職員朝礼で私が「教師の尊厳を損なうような形で、コンプライアンスの呼びかけはしたくない」と申し上げたのは、そのことと関係します。教育は創造的な営みです。どうすればいい授業ができるか。どうすれば生徒に自分の思いが通じるかなど、上司や制度に命じられるよりも多くのことが、教師個人の思いから発せられます。でも、私たちは人より特別に優れていたから教師になったわけではありません。本当に優れていたなら、もっと違う場所にいたと思います。また、生徒に諄々と人生を語って聞かせるほど、特別に人生経験が豊富なわけでもありません。むしろ、社会では世間知らずの代表のように言われています。その教師が、生徒のことを心配して懸命に奮闘努力するところに、教師の尊厳と教育の至高性があるのだと、私は思います。

いつものことながら、なんだか話がしちめんどくさくなりましたね。今回の「チャレンジ九十、四期連続達成」有り難うございました。何かと批判されることが多くて、教師が生きにくい時代だからこそ、これからも教師であることのプライドを胸に、明るく楽しい職場環境の中で、仕事をしていきたいですね、ということを言いたかったのです。

（第22号・14年2月10日）

教壇は舞台の巻

——二〇一四・四〜一五・三

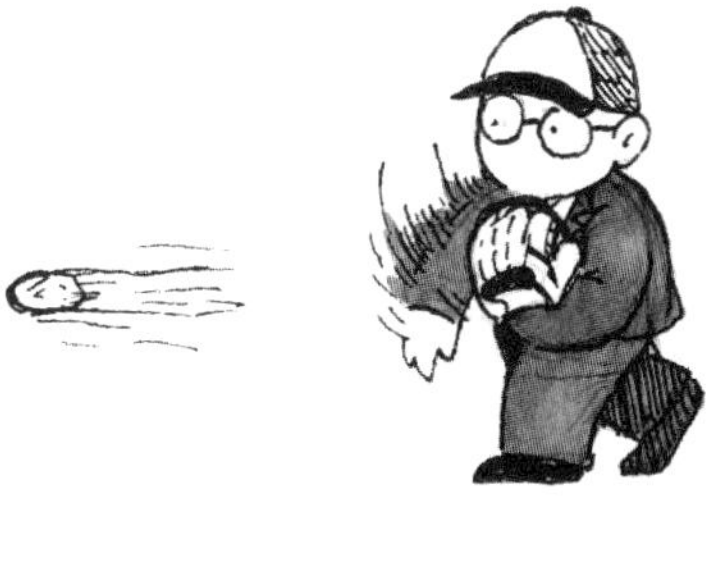

仕事なのに

セウォル号沈没事故に思う

韓国の旅客船セウォル号沈没の報道が、毎日盛んになされています。五月二日の時点で死者二二一名、行方不明者八十一名で、船内から生存者は救出されませんでした。船長の無責任な行動、船会社のずさんな管理、過積載の実態、緊急時の乗客への対応に加えて、救出態勢の不始末から行政トップの信じられない行動まで、新しい事実が出る度に、よくもここまでいい加減なことが連鎖したものだと驚かされる毎日です。

船内放送で、「絶対に動かないでください」という指示が繰り返し行われていて、それを聞いた修学旅行生が、船室で救命胴衣を着けたまま待機していた動画が公開されましたが、数多くの報道からは引率していた先生たちの行動というのが、全く見えません。引率者ではあっても船の中では一乗客に過ぎない先生たちは、疑問に思いながらも生徒と一緒に船内放送に従わざるを得なかったのでしょう。唯一知り得た情報は、救出された教頭先生が、その翌日、首つり自殺をしたという痛ましいニュースでした。自分があの修学旅行の引率者だったなら、どうしていただろう。教師の性《さが》として、どうしてもそのことを考えてしまいます。

初期避難行動は遅れたとしても、危ないとわかった時に、なぜすぐに逃げなかったのかと思いますが、傾き始めた客船から脱出することがいかに困難かというのは、『ポセイドンアドベンチャー』という映画を思い出せばわかります。若い先生はご存じないでしょうね。あれは本当に感動的な映画でした。動かずにじっと助けを待つ人たちと、このままじっとしていては危ないから行動すべきだと説く若い牧師。行動派の牧師を演じたジーン・ハックマンが本当に素晴らしかったですね。議論の末に行動派の若い牧師たちが立ち去った直後に、とどまった人たちを船内に流入した海水が呑み込むシーンは忘れられません。

船が転覆する時に、床に固定されたテーブルにしがみついた人たちは、次々に天井に叩きつけられます。上下が逆になった船内では天井が床になり、部屋のドアに手が届かず、脱出もできなくなります。そういう困難は今回もあったはずです。船内放送は待機を呼びかけたのに、それに反してすぐに部屋から脱出するという選択肢は、はたして可能だったのでしょうか。

先の東日本大震災のときに、「釜石の奇跡」と呼ばれた脱出劇があったことを昨年の校長通信で紹介しました。これは片田敏孝教授の避難三原則を迅速に行動に移した中学生たちの話でした。

一、想定にとらわれるな。（ハザードマップで安心だと書かれていても信じてはいけない）

二、最善を尽くせ。（置かれた状況でできる限りのことをせよ）
三、率先避難者たれ。（まず、自分が逃げろ。それを見て人も逃げる）

学校教育では、先生の言うことを聞きなさいと教えます。修学旅行では、添乗員さんの指示に従いなさいと教えます。その学校現場で、避難三原則を生徒に実行させることは簡単ではありません。セウォル号で「待機」の放送をする船員からマイクを取り上げて、「ぐずぐずするな。早く逃げるんだ！」と叫ぶジーン・ハックマンのような人間を育てることが、これからの教育の課題だと思います。

（第23号・14年5月2日）

犬の糞の問題

たまに歩いて学校に来ることがあるのですが、歩くと車からは見えないものがいろいろ見えます。民家の庭先の小さな花の美しさとか、若い頃には気付きもしなかったことが目を楽しませてくれます。先日は、中尾佳奈子先生の新築豪邸を発見しました。若い頃にはなかった楽しみです。年を取るというのも、まんざら捨てたものではありません。

歩く時には、できるだけ毎日違う道を通るようにしています。そんな中で面白いのは、なんといっても路上に溢れる日本語です。ここでは日本語がもだえ、ねじれ、のたうち回っているなあと思いながら、観察します。
学校から東へ細い路地を抜けた辺りに教会があって、その近くで面白い看板を見つけました。
《無断駐車なさった方は、五千円申し受けます。》
無断駐車をしたけしからんヤツに対して、「なさった方」という尊敬語を使っているんですね。しかも、五千円もらうことには、「申し受ける」という謙譲表現を使っていて、ここまで過剰に気を遣いながら、それでいて内容は、「黙って駐車したら五千円取るぞ！　だから、駐めるんじゃないぞ」という脅しのような文句です。なんだか威張っているのかへりくだっているのかわからない、変な日本語です。私はこういう日本語を見つけると、面白くて仕方ないですね。思わず立ち止まって見入ってしまいます。
作家の嵐山光三郎が、『断固、不良中年で行こう！』という本の中で、住宅ローン返済で困っている人への政府公報の日本語に嚙みついています。公報の「失業された方、または収入が大幅に減った方については……」という文言に対して、
《失業された方とはどういう言いぐさだ。えー、おいコノヤローめ、なんでもていねいに言やいいってもんじゃないのだ。これこそ失業者をなめきった言い方で、失業は「される」もんじゃなく、やめたくないのにやめさせられるわけで、クビにならない役人にこんな風に猫なで声で言われることはない。失業者にとって、役人に「失業された方」なんて言われるのがどれほど腹が立つか、オメーラ、わかってんのか。》

という気持ちのいい啖呵を切っています。日本語って難しいですね。気を遣いすぎると、かえって嫌らしく聞こえます。でも、近頃そういう言い回しを聞く機会が増えたような気がします。犬の糞の被害に悩む人も多いのでしょう。散歩していると、この種の看板をよく見つけます。《ここで犬の糞をしないで下さい。》というのを先日見つけました。これには笑いました。いえ、私は生まれてこのかた犬の糞なんかしたことはないんですが、と思わず言いたくなりました。「ここで犬に糞をさせないで下さい」と言いたかったのでしょうね。気持ちはわかるんですが。

以前の話ですが、国道十号を宮崎から延岡に向かっていると、川南あたりに「もっと卵を食べましょう」という大きな看板がありました。思わず、車を降りて、「もっと食べましょうって、あなた、私がどれくらい卵を食べているか知ってますか。こう見えても毎日二個は食べてるんですよ。おかげでコレステロール値が高くなって……」と、言いたい衝動にかられたものです。日本語って難しいですね。できるだけ、言葉を正確に、シンプルに使える人でありたいものです。

（第24号・14年5月8日）

授業で漱石の『こころ』を語る

夏目漱石の『こころ』という小説が、朝日新聞に連載されて百年になるのを記念して、いま再び連載されています。先生方は高校の教科書で読んだという方が多いと思います。この小説は授業で教材として扱うとよくわかるのですが、読めば読むほどよくできた小説です。しかも、前半部の先生の謎の言動が、後半部の「先生の遺書」によって、次々と謎解きのように解明されて、ある意味ミステリー小説のような面白さもあります。

私は、自分自身の中に生徒を引きつけるものがあまりなかったので、ネタで勝負するタイプの教師でした。ネタ帳も作っていました。多くの先生は、生徒を一年から三年まで持ち上がることを希望されますが、私は国語の授業で生徒をどうやって引きつけるか、ということが教師として一番のテーマでしたから、持ち上がりに対しても執着はありませんでした。むしろ、ネタが使えるという意味では、飛び込みの学年の方がよかったくらいです。

その私が、三年に一度卸す大ネタが、『こころ』を作中人物の「私」になりきって五十分で語るという授業でした。まだうぶな一年生が対象で、定期考査も終わって、受け持ちクラスの授業が午前中に集中している日を狙ってぶつけます。噂が他のクラスに漏れないようにです。

「今日は、ちょっと俺の学生時代の話をしようかな。教科書やノートはとりあえずしまおうか」と語り始めます。「あのな、俺が大学三年の頃の出来事なんだけど、夏休みに海に近い友達の実家に遊びに行ったんだよな。そしたら、外人さんと泳ぎに来ている人がいて、田舎の海水浴場だったから、結構目立ってたんだよ」と、私と先生の出会いから語ります。

「で、俺はいつしかその人と知り合って、先生って呼ぶようになったんだ。そのうち、先生の家に遊びに行くようにもなった」「先生はときどき変なことを言うんだ。一緒に歩いていて、俺がすれ違った恋人同士を見てると、『羨ましいですか。でも君、知っていますか。恋は罪悪ですよ』とか。不思議なことを言う人だなあって、思ったよ」と、小説『こころ』を自分の体験として語ります。語りながら、誰かが「先生！　それは漱石の『こころ』じゃないですか？」なんて言い出さないかとヒヤヒヤしながら、語り続けます。

クライマックスのKの自殺まで語る頃には、気の優しい女生徒は涙目になっています。『こころ』一冊を語り終わって、「実は、今日は先生から郵送された遺書をここに持って来たんだけど、見たいか？」と聞くと、生徒は全員で一瞬たじろいだあと、必ず決まって、「見たい！」と言います。「少し、血がついてるぞ。それでもいいんだな」と念押しすると、「いい。見たい」と言います。

そこで、やおら、背広の内ポケットから岩波文庫の『こころ』を取り出します。「これが、俺が大学時代にした読書経験だ。つまり、こういう本を読んだという話だ」と言うと、生徒は一斉に、「やられた〜！」と叫んだ後に、「なんかおかしいと思った」「段先生がそんなすごい体験するわけないと思った」などと、口々に言います。かわいいですね。私は、うれしくて仕方ありません。

この授業の前日は、かなり緊張します。もう一度『こころ』を読み返して、要点を綴ったノートを暗記し直します。もしかして、語っている途中でばれたらどうしよう、という不安がよぎります。でも、私は授業に対しては決めていたことがひとつあって、それは「迷ったら、やる！」という姿勢です。新しい実践を試みることは勇気が要ります。でも、どうしようかと迷ったら、やるのです。どうせ普段から大した授業はしていないのだから、一時間くらい失敗したからといって、気にするほどのことじゃない、と自分に言い聞かせます。それでも、教室に入る前にもう一度気合いを入れ直します。

だから、うまくいった時はすごく嬉しいのです。国語の教師になってよかったと思います。この授業をした後は、「読みなさい」と言わなくても、生徒は図書館に走っていきます。クラスの半分以上が読んだこともありました。そういう遊びの要素も、授業には必要な気がします。

（第25号・14年5月15日）

「私の声が聞こえますか」

中島みゆきについて語り出したらキリがありませんが、天才というのはこういう人のことを言うんだろうなあと思います。詩才があって、美しいメロディを紡ぎだし、デビューして四十年近くになりますが、この人の才能の井戸は容易に涸れそうもありません。この人の歌に慣れ親しんだ人が、初めてラジオのパーソナリティとしての中島みゆきに出会うと、大抵驚きます。その語り口が、歌のイメージとあまりにかけ離れているからです。

ときには聖女のように清らかに唄い、またときには巫女のようにおどろおどろしく絞り出し、ステージでは歌姫を演じ、ラジオでは蓮《はす》っ葉《ぱ》な女のようにひらりと身をかわす。つくづくしたたかな人だと思います（こんな人は覚醒剤に救いを求めたりはしませんね）。

その中島みゆきのデビューアルバムのタイトルが、『私の声が聞こえますか』だったということは、とても暗示的な気がします。表現者の中島みゆきを、もう一つ上から素の中島みゆきが見ているという構図ですね。こういうメッセージを、メッセージについてのメッセージなので、メタメッセージといいます。

私はいつもあなた方に向けて唄っているのですよ。私の声は届いていますか？　私の声がいつの間にかあなたたちの届かないところに行った時は、教えてくださいね。と、中島みゆきは最初のアルバムで決意表明をしていたのかもしれません。多くのベテランが大御所になって、大衆の心に響く歌を作れなくなっていく中で、彼女の歌はいつまでも古びません。いまだに『地上の星』（かなり古いですが）のようなロングセラーも出せば、『宙船』（少し古いですが）のような攻撃的な歌も唄います。

さて、職朝で予告しました通り、今週から先生方の授業を後ろから観せてもらっています。

専門外の教科については、詳しいことはよくわからないこともありますが、ひとつだけすぐにわかることは、この授業にはメタメッセージが込められているか、ということです。

「私の声が聞こえてる?」「わたしの言っていることがわかる?」「眠そうにしているのは、なぜ?」という視点は常に必要です。この視点については、「対話の通路」という言い方で、度々言及してきました。いい授業には必ず、「対話の通路」が準備されています。

私自身のことを振り返ると、教材研究が十分でなかったり、進度が遅れて急いでいたり、いかにも受験対策のためだけの不本意な授業をしていると、余裕が無くなって「対話の通路」を閉ざしていることがよくありました。私の若い頃の授業を受けた生徒は、「先生は定期試験が近くなると、授業の最初から最後まで僕たちと目を合わそうとせずに、三回くらい黒板を書いては消して去っていきました」と後に語っていました。教科書にはない世間話や『こころ』を語ったりするから、試験前に追い詰められて、こういうことになるんですけどね。

若い先生の授業を観ていると、最初はメタメッセージがガンガン送られているのに、難しい場面になるとパッタリと途切れて、生徒を遙か遠く置き去りにして、先生の独走状態になったりする場面に出くわします。そこが教師としての技の見せどころですね。

「私の声が聞こえますか」というメタメッセージを送り続けること。私たちは中島みゆきのような天才ではありませんが、その覚悟は見習いたいものです。

（第26号・14年5月22日）

文学と道徳と

本校のＰＴＡ活動に、「杜のセミナー」という勉強会があります。今年も多くの保護者が登録されて、その第一回目は毎年校長が話をすることになっています。昨年は、お母さん受けを狙って、松任谷由実がまだ荒井由実と名乗っていた頃の名曲『海を見ていた午後』をテキストに、詩の読解をしました。今年は、「牧水の母校で、短歌で遊びましょう」というタイトルで、俵万智さんの短歌を使って遊びました。

神奈川県立橋本高校という学校の国語教師からスタートした彼女が、一躍ベストセラー歌人となり、未婚の母となっていくまでを歌集でたどりました。

今から二十五年くらい前に、新潟県で国語の全国大会が開催された時にたまたま参加した私は、ちょうど『サラダ記念日』で人気沸騰していた頃の俵万智が、一国語教師として参加しているのを発見しました。小柄で控えめな印象の彼女は、会場受付の引換券で受け取った弁当をもらって、会場の隅のパイプ椅子に座って、ひっそりと弁当を食べていました。

○優等生と呼ばれて長き年月をかっとばしたき一球が来る
○焼き肉とグラタンが好きという少女よ私はあなたのお父さんが好き
○「愛は勝つ」と歌う青年　愛と愛がたたかうときはどうなるのだろう

『チョコレート革命』より

○どこまでも歩けそうなる皮の靴いるけどいないパパから届く
○バンザイの姿勢で眠りいる吾子よ　そうだバンザイ生まれてバンザイ
○ひざの上に子を眠らせて短編を一つ読み切る今日のしあわせ

『プーさんの鼻』より

文学作品を道徳という指数で割り切ることは愚かなことですが、「優等生」だった俵万智の道のりは、「あの万智ちゃんが！」という視線との戦いだったのかもしれません。セミナーではそれから、「付録」と銘打った別の歌をお母さんたちに紹介しました。

○ともすれば君口無しになりたまふ海な眺めそ海にとられむ　　若山牧水

○君かへす朝の敷石さくさくと雪よ林檎の香のごとく降れ　　北原白秋

牧水の歌は、小枝子という人妻に捧げられたものです。海を眺めて無口になる恋人に、「海を見ないで、海に君を取られてしまいそうだ」と呼びかけたものです。白秋の歌は、人妻と恋愛関係になって、その恋人を朝方夫の待つ家に帰すときの歌です。この歌を詠んだ時、すでに白秋は姦通罪（明治時代にはあったのです）で収監されていました。獄中での歌です。こんな反社会的な行為からこんなに美しい作品が生まれる、ということも知っておく必要があると思います。それから、最後にこんな話を付け加えました。

なぜ、俵万智の歌に続けて、牧水や白秋のこんな歌を紹介したかといいますと、最近のある事件とそれへの世間の反応のことが私の脳裏にあったからです。

チャゲ&飛鳥の飛鳥が覚醒剤で逮捕されて、マスコミは連日天下の大悪党が捕まったかのような報道です。店頭のCD等も全て撤去されたそうです。もちろん、彼の行為は、言い訳のできない大変な反社会的行為です。そのことは十分承知した上で、敢えて言いますが、なんだか遊び（ブレーキの遊びとかハンドルの遊びとかいうときの遊び）の少ないヒステリックで子どもっぽい社会だなあ、と思います。

麻薬中毒で死んだ歌手のビリー・ホリデイやジャニス・ジョプリンを引き合いに出すまでもなく、人の魂を揺さぶる歌を作ったり唄ったりする人は、一般人には理解しがたいほどの大きな悲しみや心の痛みを抱えています。手に入れた富と名声の分だけ苦しみも深くなっていったでしょう。こんな事を言うと、「じゃ、アーティストは麻薬を吸ってもいいと言うのか」と言われそうですが、犯した悪事とは全く別の視点で、その苦悩を斟酌《しんしゃく》したり、作品を正当にリスペクトするというのは、大人である私たちは、大人の分別として、または余裕として、考えてもいいのではないでしょうか。でないと、この社会はどこまでもヒステリックで非寛容になっていくような気がします。（生徒にはとてもこんな話はできませんが、それにしてもこんな話を校長が保護者にしてよかったのでしょうか）。

（第27号・14年6月6日）

先生たちのコストパフォーマンス

六月二十六日付けの朝日新聞が、「日本の先生『自信』最低」という大きな見出しで、ＯＥＣＤによる中学教員調査の結果を報じていました。それによると、先進三十四カ国の調査で、「日本の教員は指導への自信が参加国・地域の中で最も低く、勤務時間は最も長かった」ということでした。一週間の勤務時間は五三・九時間（平均三八・三時間）で最も長いのに、自分の指導については、「勉強に無関心な生徒に動機付けする」「生徒の批判的思考を促す」「生徒に自信を持たせる」などの十二の項目ですべて参加国中最低の自己評価でした。

さて、本校の先生方はいかがでしょうか。勤務時間について言えば、こんなものでは済まないでしょうね。おそらく、ほとんど全ての先生が週六十時間を超えているのではないでしょうか（すみません。これは管理職としては申し訳ないことですね）。

この結果に対して、東京学芸大の陣内という教授が、「教員に対する世間の目が厳しくなり、教員は自信をなくし、社会的な役割が見えなくなっているのではないか」とコメントしていました。ちなみに同調査は、校長のやりがいについても調べていて、「もう一度仕事を選べたらまた校長になりたい」というアンケートについての回答も参加国中最も低かったそうです。いつの間にか日本という国は、学校の先生にとって受難の国になってしまいました。こういう環境からは、

『二十四の瞳』なんて作品は二度と生まれませんね。

では、本当に日本の先生たちは結果を出していないかというと、同じOECDの有名なPISA（生徒の学習到達度調査）の結果では、日本の児童生徒はほとんどすべての項目で上位の成績を収めています。国家予算における教育関係予算の比率がOECD加盟国の中で群を抜いて最低であることを考えると、賞賛すべきコストパフォーマンスだと思うのですが。そうやって、日本の先生たちを褒めてくれる人が、本当に少なくなりました。

自分の立場を考えるとあまり大きな声では言えませんが、私は日本の教育界にとって大きな曲がり角だったのは、新自由主義的な発想から教育を市場原理・競争原理の中に投げ込んだことだと思っています。それはひとことで言うと、日本の「先生」を「教員」に変えてしまう出来事でした。

フランス哲学の研究者で、教育に関する著述も多い内田樹がこういうことを言っています。

《市場原理の導入というのは、ひとことで言えば、学校で教えられる知識や技術やそこで得られる資格や免状は「商品」であって、学習努力がそのために支払う「貨幣」であるという考え方で教育課程の全体を読み換えることです。つまり、教師が「商品」の「売り手」で、子どもたちが「消費者」だという枠組みで教育をとらえることです。もっとも少ない代価を差し出して、価値の高い商品を手に入れたものがクレバーな消費者であるとすれば、理論的には「ただ」で商品を手に入れた者が最も賢い消費者であるということになります。》

ですから、この考えでいくと、「消費者」が「売り手」を尊敬したり有り難がったりすることはあり得ないし、むしろ「売り手」（先生）は、「消費者」（生徒・保護者）にとって、クレームの対象でしかないわけです。こういう構図は、すでに都市部では珍しくはなくなりました。

すみません、話がまた逸れますが、最近私は校長通信の難しい漢字にルビを振るようになりました。先日、職員室で佐藤隆裕先生と採用試験の話をしていて、「今年は不退転の覚悟やね」と言いましたら、汚れのないつぶらな瞳で、「フタイテンって、なんですか」と聞かれました。それから、校長通信で難しい漢字を使う時は、佐藤隆裕先生は大丈夫かなあ、ということを基準にするようになりました（後で聞いたら、不退転は帝釈天とか毘沙門天とかの一種かなと思ったのだそうですが）。

話を戻します。突然、校長が何を言い出したんだろう。暑さのせいでついにおかしくなったか、と心配しないでください。これから、数回にわたって、「日本の先生」と「日本の教育」についての私の考えを述べたいと思います。よかったら、お付き合いください。最後は、だから本校では、「生徒による一斉授業評価」は実施しません、というところに行き着きたいと思っています。

（第28号・14年7月1日）

同僚性が機能するために

数年前に東京に出張した機会に、本多劇場で『あおげばとうとし』という芝居を観ました。日南市出身の中島淳彦という作家が書き下ろした、宮崎県の小学校を舞台にした作品でした。

その先生たちの中に、有田善松先生という定年間近の風采の上がらない老教師がいました。有田先生は、他の若い先生たちが卒業式の歌の練習で忙しく走り回っていても、生徒が騒動を起こしてもわれ関せずで、目下の最大の関心事は初孫の誕生です。普段は職員室の電話がなっても知らん顔をしているのに、最近は孫の誕生の知らせが気になるものだから、誰よりも先に電話を取ります。

生徒もそのことを敏感に感じていて、有田先生の背中に、「月給泥棒」という紙を貼り付けたりします。それを見た他の先生が憤慨しても、当の有田先生は、「まあまあ」となだめるだけです。私が教員になった頃は、どこの学校にもこんな先生がいたような気がします。

一見、学校組織には何の役にも立っていないような有田先生。ところが、保護者を巻き込んだ大変な事件が起こって、普段は生徒指導に敏腕を振るう先生が慌てふためいたときに、この有田先生の「まあまあ」という悠揚《ゆうよう》迫らぬ態度が教師集団に思わぬ落ち着きを与え、一躍その存在価値を発揮するのです。

ダイバーシティ（多様性）ということが最近注目されるようになりましたが、こういう組織の多様性は大事だと思います。文学者の社会的役割を「炭鉱のカナリア」と評することがありますが、教員評価が新たに導入されてその問題が取りざたされていた当時、教職経験のない劇作家の中島淳彦がこのような人物を造形したことに、私は深い感銘を覚えました。

厳しい生徒指導で学校を立ち直らせるような「成果」をあげる先生の陰には、その先生に叱られた生徒が愚痴をこぼしに行って、「まあまあ」となだめてくれる地味な先生の存在が必ずあるものです。その両方の先生がいて、学校現場はひとつの円環を結ぶのです。

私は教員二年目の二十四歳のときに、授業中に生徒と取っ組み合いの派手な騒動を起こしてしまったことがありました。生徒に書かせた短歌を自宅で点検していたら、ある男子生徒が短歌の中で私のことを「卑怯者」と非難していたのです。その生徒とは、授業中の居眠りを叱ったことが発端で、うまくいっていませんでした。どうしようかと考えた挙げ句、私が取った行動は最も愚かな選択でした。生徒に卑怯者呼ばわりされてそのまま許したら、自分はこれから先教員として生きてはいけないと思ったのです。

次の日に、授業開始の挨拶をすると、つかつかとその生徒の元に歩み寄って、「卑怯者とは何だ！」といきなりビンタをしたのです。すると、その生徒が立ち上がって、「俺だって、怒っているんだぞ」と私の胸ぐらをつかんできました。それからもう取っ組み合いです。先生の説教という話ではなくて、もう生徒と同レベルのケンカですね。本当に恥ずかしい話です。女子生徒の悲鳴が聞こえました。私は、数人の男子生徒に後ろから羽交い締めにされて、「先生やめてください」と言われました。私のメガネは吹き飛んでいました。今思えば、教員生活最大の危機だったかもしれません（すみません。今のご時世だったら大変な騒動だと思います）。

その夜、同じ学年の先輩の先生が、「うちで飲もうか」と誘ってくださいました。夜中の三時頃まで、飲みながらその先生の家で諄々《じゅんじゅん》と諭されました。その脇には私を送り届けるために、飲まずにずっと付き合ってくれた先生もいました。「明日、どうするや。あのクラスに授業に行けるか」と言われて、「行きます」と答えました。次の日にその教室に入る時の気まずさは、いまも忘れません。

私を家に呼んでくださった先生は、職員会議でよく管理職に噛みつく方でした。管理職の評価は、あまり芳しくはなかったかもしれません。私をそういう風にケアしてくれたことも、管理職は知らないと思います。

東京都が教員評価を給料に反映させると聞いた時、「なんて愚かなことを」と私は思いました。C評価を受けて昇級を延期された先生の給与分を、A評価の先生に上乗せするという制度です。そんなことをしたら、日本の教員社会の美風である同僚性は機能しなくなると思いました。幸いに宮崎県の教育委員会は、教員評価は当分の間、給与に反映させないと聞いています。賢明な判断だと私は思っています。

（第29号・14年7月2日）

『坊っちゃん』先生の不適格性

漱石という人は、作品の中で何人かの印象的な先生を描いていますが、中でも『坊っちゃん』と『こころ』に登場する先生は、その性格も、公立学校と私塾的な先生という立場でも対照的な存在です。

『坊っちゃん』は痛快な小説で、私も好んで何回か読みました。しかし、先生としてどうかという視点で見ると、こんなに先生が生徒や地域を軽蔑した学園小説というのは、他に例がありません。「田舎者」「卑怯」「豚」というのは、作中で坊ちゃんが生徒を罵って発する言葉です。もし、生徒たちを視点人物として『坊っちゃん』が書かれたなら、そこにはとんでもない不適格教師が描かれたことでしょう。

『坊っちゃん』という小説のもう一つの特徴は、坊ちゃんは「親譲りの無鉄砲な性格」にしては、やたらとお金に細かい男だということです。着任早々校長から教員の心得について説かれると、「そんな偉い人が月給四十円でこんな田舎へ来るもんか」と思います。授業中に生徒に質問されて答えられないと、「べらぼうめ、そんなものができるくらいなら四十円でこんな田舎へ来るもんか」と憤慨します。有名なバッタ事件で、校長から「疲れているだろうから今日は授業はしなくていい」と慰労されると、「授業はやります。授業ができないくらいなら、月給を学校へ割り戻します」と答える。漱石の意図を超えてここに描かれているのは、お金のために働く、典型的なサラリーマン教員です。

一般に学校の先生というのは、金銭に疎い人が多いですね。自分が何号俸であるか、自分の給料から税金がいくら引かれているか、即座にはわからない人がほとんどです。土日を犠牲にして部活動の指導をしても、それがいくらになるかなんて考えません。むしろ、手出しで生徒に奢ってやることも多いものです。よく学校の先生は、世間知らずの典型のように揶揄《やゆ》されますが、それは私たちが給料の多寡ではなくて、生徒からの精神的報酬（やりがい）で働く職業だからだと思います。先生がお金のことばかり考えて働くと、どんなにつまらない教員になるかが、小説『坊っちゃん』の世界です。もちろん、そんなことを書きたくて漱石はこの小説を書いたわけではありません。ただ、先生になりたくてなったわけではない「でもしか教師」を描いたら、図らずもそうなったということですね。

『こころ』では、舞台は学校ではありません。先生は無職の高等遊民で、「私」は先生の家に遊びに行く大学生です。先生は最後に「私」に遺書を残します。先生は友を裏切って自殺に追いやった自分の人生の教訓を、命がけで「私」に伝えようとします。そのときに、先生が「私」に求めたものが「真面目」でした。

《あなたは本当に真面目なんですか。……私は何千万といる日本人のうちで、ただ貴方だけに、私の過去を物語りたいのです。あなたは真面目だから。あなたは真面目に人生そのものから生きた教訓を得たいといったから。私は暗い人生の影を遠慮なくあなたの頭の上に投げかけてあげます。しかし、恐れてはいけません。暗いものをじっと見つめて、あなたの参考になるものをおつかみなさい。》

報酬によって教える人ではない先生が、究極的に求めたものが学ぶ側の「真面目」であったということは、教育ということを考える時に非常に示唆的です。それは言い換えれば、「真面目」に学ぼうとしている者しか学ぶことはできない、という教育の本質を物語っているからです。このことを私は政治学者で、最近は『悩む力』などのベストセラーも書いている姜尚中《かんさんじゅん》の著作から学びました。

先日のOECDの調査結果を思い出してほしいのですが、日本の先生の労働時間や労働の範囲は、ほとんど報酬と引き替えにしない「贈与」行為に近いものがあります。明らかに私たちは、『坊っちゃん』よりも『こころ』の先生の側にいます。だから、私たちには学ぶ側の「真面目さ」が不可欠なのです。

それは、小学校でも昼休みには職員室に鍵を掛けて、児童を二時間閉め出すことが許されるスイスのような環境ではなくて、生徒が学校外で起こした交通マナー違反でも、外部からのクレームに対応しなければならない日本独特の学校文化だからこそ不可欠の要件だと思います。私が、日本には「生徒による一斉授業評価」はなじまないと考える理由がそこにあります。話がかなり面倒くさくなりましたね。もう少し、我慢して付き合ってください。

（第30号・14年7月3日）

吉田松陰の授業評価

吉田松陰とその私塾の松下村塾について詳しいわけではありませんが、教育とはなにかを考える時に、ここで起こった出来事は多くのことを教えてくれます。松陰が叔父から松下村塾を継いだのが二十八歳で、老中暗殺未遂の罪で捕らえられ、江戸に送られて、いわゆる安政の大獄で斬首されたのが三十歳。実際に松陰が塾で教えた歳月は、一年もなかったと言われています。にもかかわらず、松下村塾は久坂玄瑞、山県有朋、伊藤博文、高杉晋作など近代日本の立役者を輩出し、奇跡の私塾と呼ばれました。

どんな授業をすれば、こういうことが可能になるのでしょうか。松下村塾における松陰の授業評価について、想像してみます。

・身だしなみはきちんとしていたか。
・声の大きさは適当だったか。
・板書は整理されていたか。
・チョークの使い方は工夫されていたか。
・話し方は聞き取りやすかったか。
・宿題の量は適当だったか。……。

書いていて、なんだかバカバカしくなりますね。私が想像するに、教師としての松陰は、ほとんどの項目について大きく欠落していて、でも、どれか一つだけが大きく突出していたのではないかと思います。生徒の心に火を付ける仕掛けであるとか、途方もない志の高さであるとか。だから、現代の「生徒による授業の一斉評価」の項目で評価されたら、とんでもない不適格教員になるかもしれないな、と想像したりもするのです。

「生徒による授業の一斉評価」が宮崎県の学校にも導入されて十年以上になりますが、それで宮崎県の先生方の授業がよくなったという実感が、私にはありません。むしろ、当たり障りのない均質化された授業と先生が増えて、生徒から、「先生、今日の授業は感動しました！」とか、「先生に出会って人生観が変わりました！」という場面が、どんどん減っていってるんじゃないか、という危機感が募るばかりです。前号で授業には生徒の「真面目」さが不可欠であると書きました。授業は先生と生徒の共同作業です。生徒には手の施しようがありますが、やる気のない生徒に教えることは至難の業です。だから、生徒を「消費者」や第三者的「評価者」にしてしまう制度は、教師にとっても生徒にとっても不幸な制度だと思います。

私がこういうことを書くと、きっと外部からはこう言われるかもしれません。

「先生は生徒を評価しておいて、自分は評価されるのがイヤだというのは、気楽な仕事ですね」

「工場だったら不良品を出したら責任を取らされるのに、先生は落第を出しても、退学者を出しても責任を取らなくていいんだから、いい商売ですよね」。

よく聞く話ですね。そして、その通りだと思います。

私たちは、プロの教師としていい授業のために努力することは当然の前提です。その上で、いい授業をするための環境整備をするのは行政や管理職の仕事だと思っています。私はこの一連の文章を書く時に、ずっと生徒による「一斉評価」という表現をしてきました。マークシート試験のように、授業について、５４３２１を黒く塗りつぶすことは、教育に対する冒瀆だと思っています。でも、そういう方法によらないで生徒の声に耳を傾けることは、教師としてかなり大切なことです。

もうすぐ一学期も終わります。どうか先生方なりの方法で、生徒の声に耳を傾ける方法を工夫していただきたいと思います。

（第31号・14年7月7日）

仕事なのに

演劇部の顧問をしていた頃の話です。演劇コンクールというのは、会場と上演時間の関係で年に一度しかありません。私は顧問としてどんなにうまい生徒が一年生にいても、まず二年生から使う主義でしたから、生徒にとっては二年次の大会が自分たちが中心になって出場する最初で最後の大会でした。ですから、並々ならぬ思いでコンクールに臨みます。その気持ちは顧問にも伝わって、私はそれほど熱心な顧問ではありませんでしたが、それでもコンクールの前は緊張しました。

その緊張が最も高まるのが、コンクールでの審査発表の瞬間です。二十代最後の年のコンクールは、それなりの準備もして、評判もよくて、生徒には「結果を気にするな！」と言いながら、誰よりも気にしていたのはその本人でした。結果は二位でした。もう、悔しくて悔しくて、さすがに生徒のように泣きはしませんでしたが、その悔しさは今でも忘れません。帰りに日向市駅で、審査員のひとりとバッタリ会ったら、向こうから「こんな結果になってすみません。私は絶対先生の学校が一位だと思ったのですが」と聞きもしないのに言われて、それでまたさらに悔しくなりました。

でも、そのときふと思ったのです。「あれ？　これって仕事だよな。自分の趣味じゃないよな。それなのに、こんなに夢中になっていいんだろうか」。先生って、不思議で魅力的な仕事だと思いました。

先日の高校総体で、女子バスケットの試合を三試合続けてみました。顧問の齋賀先生が専門委員長になったので、私が名ばかり部会長を襲名したからです。バスケットの試合を初めて間近に見たのですが、これはもう格闘技の一種ですね。

本校は順調に二試合勝って、三試合目の相手は妻高校でした。妻高に個人技の優れた選手がいて、スリーポイントが次々に決まり、次第に点差は開いていきました。前の試合で強敵大宮を破ったチームの歯車が、少しずつ狂っていくのが素人目にもわかりました。普段は温厚で、クマのプーさんみたいな顔の齋賀先生が、ハーフタイムでは鬼の形相で、「チームになってないじゃないか。チームになれよ！」と怒鳴りました。生徒は大きな声で、「ハイッ！、ハイッ！」と答えるのですが、でもその気持ちをプレーで出す余力がもうないのです。

試合は負けました。生徒は泣いていました。齋賀先生の目にも涙がありました。泣きながら先生の周りに集まってくる生徒を、さっきまであんなに怒鳴っていた齋賀先生が労っていました。信頼という言葉にもし形があるなら、こういう光景を言うのだろうなと思いました。そして、こういう瞬間にこそ教師の喜びはあって、一度でもこういう瞬間を味わった先生は、教師を魅力ある職業として感じられるのだろうなと思いました。

昨日、新採一年目の原田先生の漢文の研究授業を観ました。自分の友達の幽霊体験を語って軽くすべったり、漢文の句法を無理矢理ラップで覚えさせる荒技をしかけたり、悪戦苦闘していました。昔、『愛は勝つ』という歌のメロディで、古文の助動詞を覚えさせた先生のことを思い出しました。普通に覚えた方がよっぽど楽だと、生徒は言っていました。どんな仕事も大変だけど、五十分間生身の体を四十人の前にさらして演じ続けなくてはならない、先生という仕事の大変さを今更ながらに感じました。

私はこの四月に、三人の初任の先生方に、「可もなく不可もなくという言葉があるけど、生徒にとっては可もなく不可もない先生くらい退屈なものはない。少しぐらい不可があってもいいから、可のたくさんある先生になってください」と言いました。大工さんがすぐに家を建てられないのと同じで、若いうちからそんなにうまくいくはずがありません。大器は晩成す、ということばもあります。今はなかなか形にならなくても、若い先生のいろんなチャレンジが、いつか大輪の花を咲かせて、「ああ、先生になってよかった」と、心から感じられる瞬間を味わえるといいなと思います。

（第32号・14年7月15日）

あいつのやり口

おせっかいな仕事

年を取るとあちこちにガタが来て、定期健診でたくさんのバッテンをもらいました。それで観念して少しずつ治療しようと思い、まずは眼科医に電話しました。

「はい、〇〇眼科受付担当の〇〇です」「あの初診の者なんですが、診療の予約というのはできませんよね」と、私。大体、眼医者さんというのは、経験的に待たされるという印象があります。

「申し訳ありません。当院では、予約はお受けできかねますが」

「そうですよね。あの、それでは何曜日が比較的すいてるというようなことはありますか」

「さあ、週によって違いますから、何曜日というようなことは言えないんですが」

「ああそうですか。では、一日のうちで何時頃が比較的すいているというような時間帯はありますか」

「さあ、それも日によって違いますから、一概に何時頃とは言えないんですが」

「それはわかるんですが、比較的この時間はお客さんが少ないというような傾向というか、そういう時間帯ってないんでしょうか。仕事の合間に行くので、あまり長く待てないんです」

「すみません。日によってまちまちですので、この時間とは言えないのですが」

話していて、段々腹が立ってきました。そもそもこの受付嬢は、ハナから教える気持ちがないことがわかったからです。へたに答えて、後で苦情を持ち込まれた苦い経験があるのでしょうか。または、上からそういう指導を受けているのでしょうか。言葉遣いは非常に丁寧ですが、慇懃無礼《いんぎんぶれい》というか、木で鼻を括《くく》った対応というか、この病院の質がわかったような気がして、「お前の病院には絶対行かない！」と心で言って、「わかりました」と静かに電話を切りました。

比較的評判のいいらしいこの病院は、こうしてひとりのお客さんを失いました。もちろん、私ひとりが行かなくても病院全体は何の痛痒も感じないでしょうが、こういう小さなことの積み重ねが評判の善し悪しとなっていきます。そういう積み重ねを組織力というのだろうと思いました。みなさんがこの受付嬢だったら、どういう応対をしたと思いますか。おそらく、当然のように一歩踏み込んで、「お昼過ぎは、比較的すいていますよ」と答えたと思います。それは、私たちの職業が学校の先生であるということと、無関係ではないと思います。

教師の仕事は、その職責を縮小していこうと思えば、かなり際限なくできます。授業中に、この生徒は恐らく理解できていないなと思っても、無視することは可能です。帰りのホームルームで、どうも最近表情が暗いなと思っても、気付かないふりをすることも可能です。部活動に顔を出さなくてはと思っても、今日は他の仕事があるからと自分に言い訳して、職員室で机に向かっていても、誰も責めることはありません。それでも見て見ぬふりができなくて、私たちが一歩踏み込んで生徒に声をかけてしまうのは、教師という仕事の本質が、「おせっかい」だからだと思います。私たちは生徒が困っているなと思ったら、声を掛けてしまう、または掛けなくてはいけない職業だからです。

最近は、個人情報の扱いが厳しくなったので、生徒個人調書に保護者の職業が書いてないことも珍しくありません。また、母子家庭であっても、なぜお父さんがいないのか、離婚なのか、亡くなられたのか、別居中なのか、なかなか聞きにくいご時世になりました。ある先生から、どうしたらいいでしょうかと聞かれました。みなさんは、どうしていますか？　私が担任だった ら知りたいと思います。四月のすぐには難しいでしょうから、ある程度の信頼関係ができた頃に、「お父さんはご職業は何かな？」とか、「ちょっと聞きにくいことを聞くけど、ごめんね。保護者の欄にお母さんしかないのはどうしてかな。亡くなられたのかな。よかったら教えてくれない？」と聞きます。好奇心では許されないことですが、それを知らなくては、生徒を理解することができないと思うからです。理解できなければ、適切な指導もできません。

個人調書の欄に書いてないから知らなくていいというのは、担任としてはいかがなものか、と私は思います。病院の受付嬢は踏み込まなくても職業的には責められませんが、学校の先生は踏み込む覚悟をしなくてはならない職業だと思います。

（第33号・14年9月19日）

全国学力テスト考

この八月に、文科省が実施した平成二十六年度全国学力・学習状況調査（全国学力テスト）の結果が発表されました。昨年、小学校六年生国語Aの成績が全国最下位で、怒り心頭に発した静岡県の川勝平太知事が、成績の悪い学校の校長名を発表しようとして各方面からの非難を浴びたのは記憶に新しいところですが、今年川勝知事は、なんと成績が全国平均を上回った校長の名前を公表しました。その理由は、「教育の成果は、先生に因るところが大きいから」ということだったと記憶します。下村文科相が、「極めて遺憾」と述べたのも当然だと思います。

私も教育は先生次第だと考えていますが、どこをどう押せば校長先生の名前を公表しようという結論に至るのか、同じ発想から私とは正反対の結論に至るのが理解に苦しむところです。というのは、学校の成績は、地域の特性や家庭環境等を抜きにしては語れないところがあるからです。貧困に喘ぐ世帯が多かったり、外国人労働者の子どもが多い地域も珍しくない都市部では、様々な要因を抱え込んでいて、その責を先生や学校にだけ帰することができないのは、誰が考えても明らかです。

もし、私の名前が公表されたら、きっとダチョウ倶楽部の上島竜兵のように、帽子を叩きつけて「訴えてやる!」と言うかもしれません(そのあと、帽子を拾ってクルリンパもセットですけどね)。

すみません、話が逸れました。でも、この話の複雑なところは、昨年最下位だった静岡県があの騒動を経て、今年二十七位に躍進したという事実です。結果責任という政治の世界に生きる川勝知事の、してやったりという顔が見えるようです。

全国学力テストの結果について、早稲田大学の研究チームが興味深い分析を発表しています。秋田県と福井県が、なぜ毎年トップレベルの成績を収められるのかという調査です。その理由は次の通りでした。

一、校長のリーダーシップによる授業改善が行われている。
二、効果的指導法を教員全員が共有している。
三、家庭で自主学習を行うように指導している。
四、考えて書く活動や発表する活動を多く採り入れている。
五、ノート指導を徹底している。
六、徹底した授業規律の指導を行っている。

小学校の分析ですが、高校でも大いに参考になりそうな気がします。

また、八月二十六日付の毎日新聞は、「総合的な学習の時間に積極的に取り組む学校が、平均正答率が高い」という興味深い分析をしています。ゆとり教育批判で、振り子が大きく反対側に振り切って、一時は邪魔者扱いされた総学ですが、「自分で問題を見出し、解のないものに解を見つける」という「新しい学力観」で、またその意義が見直されてきそうです。

さて、宮崎県はというと、国語A（知識）については九州でトップ、国語B（活用）については九州で同率五番目という成績でした。知識はあるけど活用は苦手というのは、本県の高校生にも通じるところがあって、なんとなくうなずける気もします。

あるとき、他県から宮崎大学に赴任した教授と話す機会があって、聞いた話が印象的でした。「私は、宮崎県に来て驚いたことが二つあります。一つは、どんな小さな町にも驚くような立派な陸上競技場や野球グラウンドがあることです。二つ目は、大きな本屋さんがとても少ないということです。公共図書館もへたをすると、日曜日は休館というところがあります」。なんだか、青空の下で県民挙げて運動に精を出して、家に帰ったら本を読まない、という県民の姿が浮かんできます。

宮崎県はこんなに生徒も先生も頑張っているにもかかわらず、センター試験の平均点が全国で下から二番目だとよく批判されます。何を頑張っているのかという問題もありますが、学力を養う風土という地域性の問題もあるような気がします。学力の問題は一筋縄ではいきません。

（第34号・14年9月26日）

あいつのやりくち

あいつと私はほぼ同世代です。あいつの出だしはテレビの構成作家で、それから作詞も手がけるようになります。これまで多くのヒット曲を世に出しましたが、阿久悠やなかにし礼のような、心に残るフレーズは皆無です。あえていえば、「セーラー服を脱がさないで」という一節が、軽薄な世相を巧みに捉えているという点で、いかにもあいつらしいと思わせます。

作詞家としてのハクを付けるために、美空ひばりに曲をかかせてくれと頼み込んで、できた歌が『川の流れのように』だったという話を、何かで読んだことがあります。

でこぼこ道や曲がりくねった道／地図さえないそれもまた人生
ああ川の流れのように／ゆるやかにいくつも時代は過ぎて
ああ川の流れのように／とめどなく／空が黄昏に染まるだけ

書き写すのも恥ずかしいような陳腐な比喩。「とめどなく空が黄昏に染まる」という意味のわからない日本語。あちこちから手触りのいいイメージだけを掻き集めたかのような安っぽい描写。

今をときめくＡＫＢ48をプロデュースしている黒幕が、その秋元康であるというのは誰でもが知っている話です。NHKの『あまちゃん』では、あきらかに彼をモデルにした荒巻という人物を、古田新太が怪演したのも記憶に新しいところです。

男と不祥事を起こした指原を博多に左遷して人気に火を付けたり、CDに総選挙の投票権を付けて売り上げを伸ばしたり、旬を過ぎたタレントをグループから次々と追い出すのを「卒業」と称して新たな商売のネタにしたり、たわいもないジャンケンを小娘にさせて金儲けしたり、あこぎで姑息なやり口は相変わらずだなあ、と思っていました。

でも、先日ある本を読んで少し印象が変わりました。

《昔はみんなが同じ方向を向いていないといけなかった。赤い会社には、赤い人が必要だった。ところが多様性の時代になって、赤い会社だからこそ、青い人が求められています。問われるのは、あなたは誰ですか、何色ですかということ。あなたの個性は何で、優位性は何ですか、と。はっきりとした、あなたの色が求められているんです。》

《みんなが集まっている野原には野イチゴはない。だから、野イチゴがたくさんありそうな未開の場所を探す。流行に関わる仕事をしてきて思うのは、今はやっているものは、一年前に植えられていたということです。例えば今、ヒマワリが高値で取引されているとして、ヒマワリを今から植えたらみんなと同じです。待っているのは暴落しかない。必要なのは今、タンポポを植える勇気なんです。……蛇がいたり、滝があったり、みんなが危ないという場所にこそ野イチゴは

たくさんあるんです。》

（『プロ論』徳間書店刊）

オタクのメッカとなっていた秋葉原に、「会いに行けるアイドル」というコンセプトで小劇場を作り、素人っぽい少女を集めて、常打ちの寄席みたいに公演をさせるというアイデアは、たしかに一年前にヒマワリを植えるという発想です。なるほど、大きな成功を収める人というのは、普段から考えているものですね。だからといって、あいつのようになりたいとは思いませんが。

（第35号・14年10月10日）

声援

先日、ネット情報を見ていたら、あの武田鉄矢が四十代の頃に、ウツで苦しんでいたと告白していました。なんにつけても「過剰」な印象の彼でもウツになるのかと、ちょっと意外でした。

「声援」

一、貴方が言葉を覚えたのは／悲しみ語るためですか
どうか何度も泣いて下さい／うれし涙に出会うまでは
春の陽射しを見つけるまで／だれもが寒い旅人なんです

涙で汚れたあなたの顔に／ぼくは声援送ります
がんばれ　がんばれ／頼むがんばれ　がんばってくれ

二、大地耕す人の手が／泥にまみれているように
心も働けば汚れるものさ／人を愛したり憎んだり
笑顔をばかり浮かべる人は／怠け者だと気付いてくれ
手探りしながら生きてる貴方に／ぼくは声援送ります
がんばれ　がんばれ／頼むがんばれ　がんばってくれ

この歌はシリーズ化した『金八先生』の続編の主題歌でした。武田鉄矢については、ご承知の方も多いと思いますが、福岡教育大の聴覚障害の教員養成課程を中退しています。彼が教育実習に行ったときの奮闘ぶりの凄さは、その学校で長く語り草になっていた、という伝説も何かの本で読んだことがあります。フォークシンガーになるために大学を中退して上京したのですが、まさかのちに役者となって先生を演じることになるとは、夢にも思わなかったことでしょう。

さてひと頃、先生が生徒に「がんばれ」ということについて、疑問を差し挟む風潮が流行ったことがありました。曰く、「生徒は言われなくても精いっぱい頑張っているんだから、そんなに追い立ててはいけない」とか、「頑張ることはそんなにいいことなのか」とかいうもの言いです。

不登校の生徒に対する接し方は別として、私は学校の先生の仕事というのは、詰まるところ生徒に「がんばれ」と声を掛け続けることのような気がします。いや、声を掛け続けることしかできない、と言った方がむしろ適切かもしれません。

両親の離婚、伸びない学力、進路の悩み、友人との関係……。昨日は、修学旅行の経費が払えない生徒がいることを、事務の担当から聞きました。生徒はその小さな肩に背負いきれないくらいの様々な現実を抱えています。かわいそうに、大変だろうなあと思いながら、先生はその苦しみを代わってやることはできません。伴走しながら、「がんばれ」と言い続けるしかできない無力な存在です。だからこそ、まさに武田が言うように、「頼むがんばれ、がんばってくれ」なのです。実際に先生の経験がない武田鉄矢に、どうしてこのフレーズが書けたのか、私は不思議な気がします。金八先生を演じている彼は、既に本当の教師であったのかもしれません（最近は、ちょっと説教が板に付きすぎて、鼻につくこともありますが）。

ところで、この歌は一番もさることながら、二番の人間に対する洞察が素晴らしいですね。このように書けるのは、武田がたくさん人を憎んだり愛したりしたからでしょうか。以前は、私もカラオケでよくこの歌を熱唱したものですが、飲んでまで「がんばれ」と励まされた同僚こそいい迷惑だったと思います。当時の同僚にこの場を借りて、慎んでお詫びしたいと思います。

（第36号・14年10月24日）

コンテクストを摺り合わせる

以前、保健室登校をしている生徒と話した時に、その生徒がこんなことを言いました。「親や先生と話している時に、突然言われていることが全然わからなくなることがあります。ひとつひとつの単語の意味はわかるのに、何を言われているのかがまったくわからなくて黙っていると、さらに早口でまくしたてられて、余計に話ができなくなるんです。」

同じ日本語を使う日本人同士だから話は通じているかというと、案外そうでもないようです。そんなことって自分にもあったかなあと思ってつらつら振り返ると、小学校の頃の女性の担任が私たちを説教する時の口癖が決まって、「私がこんなにあなたたちを心配しているのに」から始まって、この言葉が始まると私の心はピタッと閉じて言われた内容は何も残らず、ただイヤなことを言われているという印象だけが残ってしまうのでした。それと近いのかもしれません。

劇作家の平田オリザが、『演劇入門』(講談社現代新書)という本の中で、話が伝わるためにはお互いのコンテクスト(文脈)を摺り合わせなくてはならない、と述べています。

それはどういうことかというと、たとえばAさんの家では電子レンジで温めることを、「チンする」というのだけど(今ではどこでもそう言いますが)、それはAさんの家だけで通用する隠語のようなもので、Bさんの家でいきなり、「チンしてよ」と言ってもそれは通じない。なんと

Bさんの家ではそれを「ピンする」と言っていたので、AさんはBさんの家では、自分中心の表現をやめてBさんにもわかる言い方に改めなければならない。このことを平田は、「コンテクストを摺り合わせる」と言い、さらにこう続けます。「伝えたいことが先にある演劇は、どうしてもコンテクストの摺り合わせを省略して、逆にテーマのための仮想のコンテクストを強要してしまう」結果、観客に伝わらない演劇になってしまうのだと。

これを授業に言い換えると、生徒の反応よりも先生の都合が先に立つ授業は、どうしても生徒のその日の反応や理解度に配慮することを省略して、逆に先生が必要だと思っていることを生徒に強要する結果、生徒にとってはわからない授業になってしまう、ということでしょうか。

昨日の教科総合訪問は、本当にお疲れ様でした。先生方がそれぞれのアプローチの仕方で、アクティブ・ラーニングに取り組んでいて、本当に有り難いなあと思いました。みなさんそれぞれ工夫をしていただいたのですが、その中で、「おっ」と思った授業があったので、ご紹介します。

それは、数学科講師の藤野先生の授業でした。ホワイトボードを教室の黒板前に持ち込んでスクリーンにして、プロジェクターで何か三角形を映して説明しておられました。これまでの藤野先生の授業は、シャイな性格がそのまま教壇でも出て、いつも生徒に対して遠慮がちに半身に構える印象があったのですが、この日の藤野先生は、正面から生徒に正対して向き合っているのです。板書しながらの説明ではなく、スクリーンの図形で説明するという体勢がそうさせたのかもしれません。声も心なしか堂々としています。私は、藤野先生の中で何かがはじけたのだと思いました。こういう空気だと、生徒と対話が成立します。さっきの表現で言うと、生徒とコンテクストの摺り合わせが可能になるのです。

私たちは、いつでもいい授業ができるわけではありません。大事なことは、生徒がわからないときに、「先生、わからん」と言える空気を作っておくことです。これがあれば、私たちは無限に進歩することができます。「なんか、どこがわからんとか」と聞けばいいからです。

繰り返しになりますが、この「どこがわからんとか」ということが、すなわち「コンテクストを摺り合わせる」ということなのです（この文章で、逆に藤野先生がプレッシャーを感じて萎縮することがないことを祈るばかりですが）。

（第37号・14年12月5日）

学校ルール

私の転機

随分長いこと校長通信を書きませんでした。普段はヒマな私の仕事も、冬になると少しだけ忙しいのです。またヒマになったので、今日は少し学校の先生の仕事について書きます。もし自慢話のように聞こえたなら、「全く年寄りは仕方がないなあ」と、心広く許してくださいね。

私は二十代を宮崎市内の普通科高校に勤務しました。その当時北高校はまだできておらず、大宮・西・南の三校間のライバル意識はすごいもので、進研模試があると進路主任がベネッセ（当時は福武書店）に電話して、三校の平均点の速報を聞くのです。主任が次々と復唱するのを、誰かが進路室の黒板に速記者のように書いていきます。それを教科担当者は固唾を呑んで見守るのです。

あるとき、某高校に数学で〇・二点だけ勝ったのを、年配教師二人が握手して喜ぶのを、若かった私は理解不能な光景として見ていました。今では信じられないことですが、進研模試の結果が悪いと、その教科の担任が校長室に呼び出されて叱咤されるという話も聞きました。私は自分の授業が、進研模試の棒グラフで評価されているような気がして、これが教育の姿かなあと思うと、普通科高校で教えることに嫌気が差してきました。

三十代の十年間は、二つの工業高校で過ごしました。当時は所謂ツッパリハイスクール全盛時代で、工業高校の生徒が一番元気がよかった頃です。授業で教室に入ると、「席に着け！」「服を着ろ！」（暑い日は上半身裸の生徒がいた）「弁当をなおせ！」から始まるクラスもありました。工業高校は科によって違う表情をしていて、転勤したての頃は元気のいい科の授業に行くのが憂鬱でした。行事や時間割変更でそのクラスの授業がカットになると、心の中で小さくガッツポーズをとったものです。生徒から逃げているのが自分でもわかりました。

当時の工業高校は朝課外も夏休み課外もなかったので、自分の時間は持てるようになりました。でも、教師というのは因果な商売で、生活の中心である授業がうまくいかないと、何をしていても楽しくないのです。いつも頭の隅っこに、授業のことがひっかかっていて楽しめないのです。授業がうまくいかないのは、自分が生徒から逃げているからだというのはわかっていたので、だったら逃げられないようにしようと思って、二年目は授業に行くのが億劫だった一番元気のいいクラスの担任を希望しました。

担任になってがっぷり生徒の人生と組み合うようになると、国語の教師として教室で教えることの意味について考えるようになりました。生徒の実態とかけ離れたような教科書の教材。国語がキライで、授業で裏切られ続けた生徒たちの心に全くヒットしない私の授業。ここで国語を学ぶことが生徒の生きる力にどう繋がっていくのか、自分でも全く見えませんでした。そこで思い切って、当時工業高生に絶大な人気を誇っていた長渕剛の『とんぼ』という曲を教材に使ってみました。

話が逸れますが、長渕という人は、今でこそくどくどと押しつけがましいメッセージを変な歌い方で唄うマッチョになってしまいましたが、初期の長渕は叙情的で繊細な優れたアーティストでした。どうしてあんな変わり果てた姿になってしまったのか、当時を知る人はみんな残念に思っていますね。

『とんぼ』という曲は、田舎から上京した人間のアイデンティティや孤独を描いた優れた楽曲でした。そもそも、タイトルに込められた意味も簡単ではありません。その歌詞の意味を生徒と何時間もかけて読み解いていきました。その授業が終わったとき、生徒のひとりが「先生、おもしれえ」と言ったのです。彼らはこういうとき、非常に率直です。

「先生、長渕に会って、意味を聞いたと？」と言う生徒もいました。これは、私の教師としての転機だったと思います。以来、私は工業高校で一度も教科書を使いませんでした。今だったら、未履修で大変なことですね。

日南工業の最後の年に、担任をした三年生の女子生徒が、「先生はうちの学校じゃないと、国語の先生は勤まらんね」と言いました。「なんでや」と聞くと、「だって先生は、教科書で授業をようせんわあ」と言うのです。「そうやなあ」と私は答えましたが、これは嬉しかったですね。自分なりにがんばった十年間の勲章をもらったような気がしました（すみません。もう少し、続きます）。

（第38号・15年1月27日）

小さな進化

前回の続きです。思うような授業ができなかったときは、教室から職員室に帰る道のりが遠いですね。「ああ、負けた負けた……」と呟きながら帰っていました。私はすぐ他人のせいにしたくなる人間ですが、授業がうまくいかないことだけは、すべて自分の責任だとわかっていました。私がうまくいかないクラスで、ちゃんと授業が成立している先生がいるのです。だから、自分に腹が立つのです。実際、野球部監督のN先生の授業では、あんなにだらけていた生徒が全員背筋を伸ばして、これが同じ生徒かと見まごうばかりに座っているのです。

みなさんもご存じのように、生徒というのはある意味現金で残酷な存在です。先生の本質をすぐ見抜いて、この先生なら手抜きができると踏むと、あからさまに態度を変えます。N先生は素朴で実直な方でしたが、見た目が圧倒的に怖いのです。長身で口数少なく、低い声でボソボソと喋るのですから迫力があります。当時の若い先生はこのN先生に憧れて、その手法を表面的にまねする人もいましたが、私はこれは自分の進むべき道ではないとわかっていました。第一キャラが違いすぎます。それから、国語のように自由な雰囲気での対話が必要な教科にはなじみません。でも、いつの日かN先生のように、背筋は真っ直ぐでなくてもいいから生徒の視線を黒板に集めたいというのが、当時の目標でした。

工業高校で十年が経ち、なんとか自分のスタイルを見つけ、教師としても得難い多くのことを学びました。すると私は、もう一度普通科高校で教えたいと思うようになりました。一番の理由は、切磋琢磨が欲しかったのです。工業高校では国語の単位数が少ないので、一学年を一人で持ちました。授業計画も試験問題も評価も全て一人でやります。三十代の指導力を養える貴重な十年間を、一人で過ごしたことへの不安がありました。独善に陥って、国語教師として使えないヤツになってしまっているんじゃないかと思いました。普通科高校では共通の試験問題にしたり、進度を揃えなくてはならなかったり、不自由だと思っていたことが今の自分にはもう一度必要だと思えてきました。でも、異動調書に転勤希望と書いて、普通科と書くのには少し決断が必要でした。

あれこれ迷った末に、今の自分の優先順位は国語教師として原点に返ることだと決心して、普通科高校希望と書いて出しました。そしたら、いろんな偶然が重なって、再び同じ初任校に戻ったのです。初任当時の愚かな私を見込んでくださった河野校長のお力添えがあったのを知ったのは、随分あとのことでした。

ちょうど四十歳になっていました。それはデジャブを見るような不思議な感覚でした。昔と同じ学校の教壇に立ちながら、若い頃のように生徒からキラキラしたまなざしで見られることはなく、そこに立っているのは中年にさしかかってくたびれたオヤジでした。

文法の助動詞の活用がとっさに出てこなくて、最前列に座っている女の子が露骨にため息をつくのがわかりました。自分は何を許されて生徒の前にこうやって立つ資格があるのだろう、と思いました。そんなとき、職員会議で高橋校長という方が、「先生方、どうかいい授業をしてください。それが先生たちの一番の仕事です」と言われました。それを聞いて、「いろいろ考えるのはやめよう。この一年間自分は、ただ教材研究をする一個の生き物になろう。国語のこと以外は何も考えまい」と心に決めました。

久しぶりの普通科高校で知識は錆びついていましたが、一つだけ二十代よりも進化していたことがありました。それは、国語に対する向き合い方です。あれだけ虚しかった受験指導が、全く苦ではなくなったのです。やっと話が本題に戻りましたね。ここに行き着くために随分遠回りをしました。

そのときの私には、進研模試の偏差値のために授業をしているという感覚はもうありませんでした。面白い文章にたまたま問題が付いている、と考えるようになっていました。センター演習をしていても、その筆者の他の文章を読ませたり、類似の面白い論考を紹介したりしました。なんのことはない、誰よりも受験にとらわれていたのは、自分だったのです。国語の教師として、ただ国語の面白さを伝えて、国語の力を付ければよかったのです。

教えるというのは、こんなにシンプルなことだったのだと、四十歳を過ぎてやっと気付いたのです。バカですよね。

（第39号・15年2月2日）

先生の裁量権

名古屋の市立小学校で、五年生の社会科の授業中に二十代の女性教諭が、過激派組織イスラム国に殺害された日本人とみられる遺体が映った画像を児童らに見せていたことが、問題になっています。市教委は「不適切だった」と謝罪したそうです。

校長によると、授業のテーマは「情報化が進むことによる利点と問題点」だったそうです。この先生は、東日本大震災後に観る人の心的苦痛を考え、津波の映像を流さない放送局もあったが、報道することで支援が広がった面もあると説明し、「どこまで真実を報道するのがよいか」を議論させたのだそうです。小学校五年生の授業としては、かなり高度な志の高い内容だと思います。

報道によると、この先生は画像を示す際に、「見たくない人は見なくてよい」と話し、児童の五人ほどが顔を伏せたそうです。校長は、「残酷な写真を教員が見せたのは不適切だった」と指導し、先生は「報道の在り方を考えさせるとともに、命の大切さに目を向けさせたかった。迷った末に見せたが軽率だった」と話しているそうです。

この報道で思い出したのは、「賢治の学校」で有名な鳥山敏子さんの「生命の授業」の実践です。子どもたちに朝から何も食べさせず、野外で作業をさせたり水遊びをさせたりして、おなかをぺこぺこにします。それから、あらかじめ用意していた生きたニワトリを放して捕まえさせ、彼らの目の前で首をひねって殺し、逆さまにして頸動脈を切断して鍋に入れ、それから、子どもたちに羽むしりをさせます。もちろん、子どもたちは大パニックです。泣きながら生きたニワトリを抱いて逃げ回る女の子もいます。でも、鳥山さんは容赦しません。その女の子たちを集めて、「決して目をそらさずに見ていること」と命令して、女の子たちの目の前でニワトリを殺します。解体されるとともに見慣れた肉の形になっていくニワトリに、空腹に負けた子どもたちは、「もも肉ちょうだい」と列を作りバーベキューにし、「口のまわりを黒くして、ガツガツとくらいつく」ようになるという授業です。命を頂くことの意味を身をもって体験させるという実践ですね。

このような実践には、もちろん批判もあります。過去には二〇〇一年に、秋田県の小学校で同様の授業をしようとした小学校に、保護者から批判が上がり、町教委がストップをかけたということもあったそうです。余談ながら、同様のテーマは農業高校を舞台にしたマンガ『銀の匙』(荒川弘作)でも扱われていました。

これらは意欲的かつ創造的で刺激的な実践ですが、批判と紙一重というところがあります。では、そもそもなぜ授業についてこのような議論が出て来るかと言うと、先生には「裁量権」が与えられている、ということがその根本にはあるからだと思います。

にわか勉強で恐縮ですが、学校教育法第三十七条十一項に、「教諭は、児童の教育をつかさどる」という条文があって、児童（生徒）の教育は先生の守備範囲ですからね、と国が規定しているのです。さらにたどると、その大本にはもちろん憲法があります。日本国憲法第二十三条に「学問の自由は、これを保障する」という条文があります。若い先生だからと言って、管理職がホイホイと授業内容まで干渉しづらいのは、このような精神があるからです。じゃあ、「自由」だからなんでもありかというと、そういうわけでもなくて、その裁量権は、「学習指導要領を逸脱しない範囲」という過去の判例もあります。

さて、そこで冒頭の先生です。きっと、問題意識が高くて、熱心な先生だったんでしょうね。かわいそうに、今回のことで「もういらんことはせんどこ」と、彼女の意欲が萎えてしまわないかと心配です。では、あの先生はどうすればよかったのでしょうか。みなさんはどう思われますか。私は簡単なことだったたと思います。

「今度社会科の授業で、こんな写真を資料として使おうかと思うんですけど、先生方どう思われますか?」と、まわりの先生に聞けばよかったんじゃないでしょうか。それこそが同僚性の発露であり、ＯＪＴですよね。みんなでワイワイ言いながら、「そらちっと、やりすぎじゃね」とか言う人もいたでしょう。そうやって知恵を出し合えば、こんなことにはならなかったのになあ、と私は思うのですが。

（第40号・15年2月6日）

笑いながら怒る人

一昨日、音楽の丹波先生の熱心な指導で、一年生が卒業式の歌の練習をしていました。

仰げば尊し　我が師の恩／教えの庭にも　はや幾年

私などはこの歌を聴くと、条件反射的にジンときてしまうのですが、最近はこの歌を歌わせない学校も多いそうですね。理由は、先生に対する敬意を押しつけているようだとか、文語調の歌詞の意味がわからないとか、「身を立て名を上げ」というのが立身出世主義を煽《あお》っているとか、いろいろあるそうです。でも、考えてみると、そもそも先生という職業に対して「師」と仰ぐ感覚自体が、現代の学校現場では薄れているのかもしれません。

たまたま先日、体育科の北部支部総会が本校であって、そこであいさつをしなくてはならないというので、改めて「先生」という存在について、自分なりに考えてみました。

内閣府が世界十一カ国の青年（十八～二十四歳）を対象に、五年ごとに行っている「世界青年意識調査」に、「学校に通う意義」について尋ねた項目があります。日本の青年の回答はこうです。「友達との友情を育む」（六五・七％）、「一般的・基礎的知識を身に付ける」（五五・九％）、「学歴や資格を得る」（五四・五％）、「専門的な知識を身に付ける」（五一・一％）と続き、その下に「自分の才能を伸ばす」「自由な時間を楽しむ」とあって、一番最後に「先生の人柄や生き方を学ぶ」（二七・二％）があります。最後なんです。

また、「誰に悩み事を相談するか」という質問には、「学校の友達」（五三・四％）、「母」（四七・一％）、「父」（二二・二％）と来て、「恋人」「誰にも相談しない」と続いて、最後に「先生」（八・五％）が来ます。生き方のロールモデルでもなく、相談相手でさえない。それが、現代日本の先生のようです。

こういう数字にはすぐマスコミが飛びついて、サラリーマン教師が増えたからだとか、不祥事が続いて先生が尊敬されなくなったからだとか、訳知り顔に分析しそうですが、私はそうは思いません。教師の価値をこんなに目減りさせたのは、今の日本の構造であるような気がします。

自分自身の努力は棚に上げて、面白くわかりやすい解説をする池上彰さんのような講師がもてはやされる時代です（池上さんは立派な人ですけどね）。また、学校の先生はサービス業だからと、気軽にクレームの対象になる時代でもあります。さらに、学校の先生も生徒からマークシートで授業評価される時代です。一度でもマークシートで評価の対象にしていいとわかった人を、誰が師と仰ぐでしょうか。もし私が、自分の尊敬する恩師について、マークシートで評価しろと言われたら、私は拒否すると思います。恩師に対してそんな失礼なことは、私にはとてもできません。私たち教師にも責任がないとは言いませんが、今の社会全体のしくみが、学校から「恩師」をなくさせているのではないでしょうか。

京都大学大学院教授の稲垣恭子さんという人が、面白い指摘をしています。顧客サービスとして相手の状況に配慮しながら、居心地のいい関係を維持していかなければならない仕事を「感情労働」と呼ぶのだそうです。その典型的な例として、常に乗客に対して笑顔でやさしく接することを求められる飛行機の客室乗務員の仕事が挙げられています。

その上で稲垣さんは、「現代では、学校教師の仕事もこうした感情労働の傾向が強くなっている」と言うのです。客室乗務員のような学校の先生。しかも、この「客室乗務員」は、学習指導だけではなくて、実に生活全般にわたる躾まで要求されているのです。竹中直人の持ち芸に、「笑いながら怒る人」というものまねがありましたが、まさに現代の先生はそれを地で行く職業になったわけです。

私たちは生徒に感謝してもらおうと思って仕事をしているわけではありません。また、恩師としての尊敬が欲しいわけでもありません。でも、学校現場が市場原理に支配され、先生が機能的役割となって、教育という名のサービスのやりとりに終始するなら、そこはもはや私のイメージする学校ではありません。学校をそんな殺伐とした場所にしてはいけないと思います。

私は古い人間なのでしょうか。先生の立ち位置が、難しい時代になってきたなと思います。

（第41号・15年2月19日）

「学校ルール」

昨年高知県に行ったときに、町のあちこちに「高知家」という幟《のぼり》が立っているのを見つけました。初めはどっかの店の広告かなと思いましたが、そのうちそれは高知県を売り出すキャッチフレーズであるとわかりました。「高知県は一家のようなもので、都会では失われつつある人と人とのつながりがあります。どうか、家に帰ったつもりでくつろいでください」という意味らしいのです。

県庁所在地の高知市は、宮崎市よりも小さな町という印象でしたが、県全体が「高知家」で、空港は高知龍馬空港で、飲食店ではどこでもカツオのタタキが大々的に売り出されて、県を挙げてアピールしていて元気だなあという印象でした。

高知城のすぐ横にひろめ市場という、大きな屋根付きフードコートがありました。小さな地場産品の食料品店がたくさん集まって、客はそれぞれの小売店からカツオのタタキなどの海産物や串カツなどのつまみと酒を買って、中央に設けられたテーブルに陣取って飲食するのです。つまみがなくなると、また市場をひと回りして、おいしそうな肴を買ってくるというしくみです。客が帰ると、市場が雇っている人がテーブルをきれいにして、また次の客が座るのです。平日だというのに、地元の人と観光客で座る場所もないくらいでした。私たち四人で腹一杯飲み食いしても一万円弱で、大満足でした。

生ビールを運んできた女の子に話しかけたら、高知大学の学生でした。出身を聞くと種子島で、毎日ここでバイトしているというのです。なぜそんなに働く必要があるのかと聞くと、親が病気で仕送りをしているとのことで、酔っ払いおじさん四人は急に神妙な気持ちになって、みんなで千円ずつ出して、「何かのタシにしなさい」と、四千円ソッと握らせました。せこい足長おじさんですね。でもまあ、そういう人情話のようなことを思わずしたくなる風情ある市場なのです。

宮崎のニシタチから青空市場が消えて随分立ちますが、あそこを同じような趣向でフードコートにしたら、さぞかし賑わっただろうにと思いました。でも、きっと近所の飲食店から、客を取られて困る、という苦情が殺到して、そんなプランは潰されたでしょうか。何か大きなプロジェクトを成功させるには、小さな異論を吹き飛ばす強力なリーダーが必要ですね。

正月に教え子と飲んでいたら、唐突に『県庁おもてなし課』という本を薦められました。有川浩（ありかわひろ、女性です）という作家の小説で、映画化されたことは知っていましたが、高知県の話だと聞いて、先の経験でちょっと興味があったので、早速読んでみました。

県庁おもてなし課というのは、実在する部署です。正式には高知県観光部おもてなし課です。観光立県を目指し、県外観光客を文字通り「おもてなし」する心で県の観光を盛り立てようというコンセプトで、発想はよかったのですが、なにせお役所です。何から手を付けていいものやら、試行錯誤のスタートです。その実在のおもてなし課から、実際に観光特使の依頼を受けたのが高知県出身の有川さんです。依頼を承諾してから一カ月以上何の連絡もよこさないお役所独特の時間感覚や、仕事に対する「ずぶずぶ」の「ゆるさ」に対する有川さんのイライラをモチーフにしたのが、この小説です。といっても、もちろん全体的には高知県に対する応援歌になっています。

作中に度々「県庁ルール」ということばが出てきます。いわゆる親方日の丸で、倒産しない県庁ならではの仕事感覚を揶揄した言葉です。最初はこう言われて反発していたおもてなし課の面々も、次第に自分たちから、「これって県庁ルールじゃないか?」と自省するようになります。

私は、基本的に学校現場に、安易に民間感覚を持ち込むことには抵抗があります。学校でよく使われる「そんな人間は、世の中では通用しないゾ」というフレーズは、まさに私のような人間のことだと秘かに恥じています。

でも、だからといってホテルで研修することが、必ずしもいい先生になるために必要とも思っていません。ただ、何かにつけ、「これって学校ルールじゃない?」と自問する視点を持ち続けることは、大事なことだと思いました。

（第42号・15年2月24日）

先生は役者の巻

——二〇一五・四〜一六・三

人はいつ感動するのか

法化社会と先生

尾木ママこと尾木直樹を初めて知ったのは、今から十五年近く前に読んだ、『学校を救済せよ』という本でした。この本は、当時論壇では向かうところ敵なしの勢いだった新進気鋭の社会学者宮台真司との対談集でした。社会を震撼させた酒鬼薔薇事件について、多くの教育評論家がこれまでの少年犯罪を語る言葉では説明できずに途方に暮れている中で、社会の変容と学校の構造的な限界に踏み込んでいく論調に、思わず「この人誰?」と、立ち止まった覚えがありました。ただしか、当時尾木さんは、まだ現役の中学校の先生だったと思います。

それから、いつのまにか法政大学の先生になったと思ったら、オネエ言葉でマスコミの売れっ子となって、バラエティにも出ておちゃらけたりしていますが、この人のスタンスは一貫しているように思います。ひとことで言うなら、その柔らかい口調に反して、常に子どもの側に立ち、ご都合主義で保身に走る行政や学校の体質を厳しく批判する人、というのが私のとらえ方でした。大津市のいじめ事件でも、第三者委員会の一員として、教育委員会や学校への激しい批判の急先鋒となったのが尾木ママでした。

その尾木ママについて、「らしくないな」と思ったのは、一月に川崎市で起こった中学一年生の殺人事件についてのコメントでした。先輩から殺害された少年の担任は、学校に出てこない少年に対して、一カ月に電話を三十回、家庭訪問を五、六回していたと報道されています。よくやってるじゃないか、と私は思いました。その担任を尾木ママが批判しているというのです。

担任をしていれば、ひとりの生徒に対してこれだけの労力を払うことが、どれだけ大変なことかわかります。何か起こると、待ってましたとばかりに学校をやり玉に挙げるマスコミならともかく、尾木ママがそんなことを言うかなあ、さすがの尾木ママも、周りからチヤホヤされるうちに、現場感覚を忘れて、向こう側の人間になったのかなあ、と思ったのです。

そんなあるとき、モーニング・ショーで彼が語っているのを直接聞く機会がありました。

「担任が一カ月に三十回も電話したとか、何回も家庭訪問をしたとか言ってるじゃない。そんなの形でやってるんですよ。今の先生たちは、なんかあったときのために、みんな校長からそうやって電話したり家庭訪問したら必ず記録しておけ、って教えられてるんですよ。本当にその子をどうかしたいと思うんだったら、その子の交友関係を調べて仲のいい子に話を聞いてみるとか、ほかにいくらでもできることはあったんじゃないかしら」

以前、法化社会ということを書きました。「紛争の全てが、裁判所に持ち出されることを前提に準備される社会」のことだそうです。現実的に学校が訴えられることも多い世の中になりましたから、こういう準備をしなければならない面があることは事実です。そういうことも承知しながら、厳しい言い方だとは思いますが、やはり尾木ママの言う通りだと思いました（もちろん、その担任の先生が実際にはどこまで生徒に踏み込んだかはわからないのですが）。

以前、先生の仕事の本質は、「おせっかい」だと書きました。クラス中がうなずいて聞いてくれた授業でも、その中にたったひとり怪訝《けげん》そうな表情の生徒がいると、その子のことが気になるのが先生という仕事です。または、終礼のときにいつもにこやかな生徒の表情が曇っていると、職員室に帰ったあとも気になって仕方がありません。

そのときに、生徒をそっと呼び出して、「どこがわからないんだ？」とか、「何かあったのか？」と、問いただすことは必ずしも義務ではありません。そうしなかったからといって、法的に落ち度を問われることも多分ありません。でも、間違いなく学校の先生の仕事の本質は、そこにあるのです。

気になっても一歩踏み込まずに、事務的な手続きに終始して、「まあ、いいか」とやり過ごすときに、先生としての堕落が始まるのだと思います。川崎市の事件でも、そのことを尾木ママは責めているのだと思います。つくづく先生って、大変な仕事です。

（第43号・15年4月14日）

野武士の願い

作家の山田風太郎が、晩年に『あと千回の晩飯』というエッセイを書いています。さすがに、もう少し多いとは思いますが、私自身も元気でおいしく晩ご飯を食べられるのはあと何回だろう、と考える年になりました。そう思うと、つまらない物で腹を満たしたくはない、という気持ちになります。高価ないい物を、という意味ではありません。安くてもいいのです。納豆ご飯でもいいのです。不用意に腹を満たしたくはない、ということです。

また、若い人にはわからないでしょうが、年を取ると、量を食べられなくなります。間食をすると、てきめんに晩飯がおいしくありません。だから、食べることに慎重になります。空腹になると、何か得したような気持ちになります。また、おいしくものを食べられると思うからです。

永六輔がどこかで、「食を語るには、三代かかる」と書いていました。つまり、祖父母から孫まできちんとしたものを食べ継いで、初めていっぱしの口をきく舌はできる、という意味です。だから、私などが食を語る資格がないことは、百も承知です。延岡が誇る名店に「きたうら善漁。」という店がありますが、ここのメニューには、「北浦で食べた母親の手料理が自分の味の師匠である」みたいなことが書いてありますね。あっぱれな心意気だと思います。

『男はつらいよ』の渥美清は、「食いものについてあれこれ語ることは、はしたないことだ」と語っていたそうです。これも、よくわかります。テレビでは「お前に味がわかるのか」と突っ込みたくなるような、きれいなだけの若いお姉さんの食レポが盛んですが、最も正しいレポーターの態度は、石ちゃんのようにただひたすらおいしく食べるというものかもしれません。

『孤独のグルメ』というテレビ番組が、少し前に評判になりました。原作は今から二十年くらい前のマンガでした。久住昌之という人が原作で、マンガは谷口ジローが描いています。私は谷口ジローのファンなので、昔読みました。サラリーマンの井之頭五郎が、出張先などでぶらりと入った店で、ひたすらメシを食うという変なドラマです。

私も延岡に単身赴任して、晩飯をひとりで食うようになりました。いえ、夜はご飯粒を食べませんから、正確にはひとりで飲む、というべきでしょうか。週に一回は自分へのご褒美ということで、ひとりで飲みに出ることにしています。何のご褒美やらわかりませんが、とりあえず飲みに出るには口実がいるのです。

ひとりで初めての飲み屋に入るというのは、ちょっとドキドキします。二年間かけて何軒か行きつけができました。二年間の成果です。自分の素性は明らかにしませんが、通ううちにバレてしまった店もあります。

『酒場放浪記』の吉田類が、いい飲み屋の条件を「いい人、いい酒、いい肴」と定義していました。いい店は玄関のたたずまいとか暖簾の雰囲気とかで、なんとなくわかるようになりました。これは厳しい修行の成果で、ちょっと自慢です。それから、例外なくおかみさんがきれいです。

または、きちんとしています。そんな飲み屋のカウンターの片隅で、旨いカツオの刺身を食う瞬間は、至福のひとときです。

『孤独のグルメ』の続編に、『野武士のグルメ』という作品があって、最近第二巻が出ました。定年後の自由を得た還暦男が、食欲の赴くままに肉屋のコロッケを買い食いしたり、老舗の蕎麦屋で昼間から一杯引っ掛けたりするマンガです。本の腰巻きに大きく、「自由は、こんなに美味い!!」と魅力的な惹句《じゃっく》があります。

初めて入る飲み屋の前でたじろぐ心を、「たのもう！」と道場破りをする野武士のように奮い立たせて店に入る、というのがタイトルの意味です。にもかかわらず、勧められた料理を断ったためにいきなり負い目を感じて、なんとか失点を挽回しようと焦ったりする気の弱い男の話です。私は自分に重ねて、大いに共感して読みました。私も野武士のような心で、延岡のいい店を探したいと思います。

すみません。先生方がＰＴＡ総会前の慌ただしい中で、極楽とんぼのようなことを書きました。先日ある集会で、若い女性の先生が、平日はコンビニ弁当が夕食だと語っておられるのを聞いて、心が痛みました。せめて週末は、おいしい夕食をゆっくり食べられることを、野武士は願っていますよ。

（第44号・15年4月22日）

センター試験がなくなる？

「金は出さないけど口は出す」というのが、教育に対する日本の政治の基本的なスタンスです。「教育改革」と称して、様々な施策を打ち出せば打ち出すほど学校現場は混乱して、結果的に「教育改悪」だと言う人もいました。「いい加減ほっといてくれ」と思いながら、現場にいる私たちは、体を低くして、じっと嵐が過ぎ去るのを待つ、という習性がいつのまにか身についてしまいました。

私が教員になった頃、週に一時間の必修クラブという嵐が吹きました。現場はそれぞれ工夫して（または誤魔化して）しのぎました。読書クラブとか数学クラブとか、とにかくクラブを付ければ文句はないだろうというので、奇妙な名前のクラブがたくさんできました。そのうち、嵐は去りました。

しばらくすると、勤労体験学習という台風が襲来しました。突然、学校中でペンキ塗りをしたり、農業大学校に行って芋の収穫をしたりしました。この嵐もまた、去りました。

「ゆとりと個性尊重」なんて嵐が来たかと思ったら、今度は学力低下の大合唱が始まって、文科省の旗振り役だった寺脇研とともにどっかに飛んでいきました。かわいそうに寺脇さんはマスコミから戦犯扱いされて、文科省を追い出されてどっかの大学の先生や映画評論をしていますね。

それが、私が体験した教育改革でした。私の中にはいつも、いくら小手先でいじくっても、大学入試が変わらない限り高校教育は変わらない、という思いがありました。

私自身の感覚ですが、少し風向きが変わってきたのは、「総合的な学習の時間」からです。これも、当初はまた何か変なのが出てきたな、という感覚で現場は受け止めました。小学校や中学校では、担当の先生が大変なことになっている、という噂も聞きました。ところが、少しずつ総学に対する評価は変わってきたように思います。最近の調査では、総学にきちんと取り組んでいる学校ほど、全国学力学習状況調査のB問題（応用力・思考力を問う問題）で成果を上げているというような報告もありました。

そんな中で、大学入試が変わろうとしています。下村博文大臣は塾からの献金問題でミソを付けましたが、自分の言葉で理念と展望を持って教育行政を語れる数少ない文科大臣であるように思えます。その彼がやろうとしていることは、大学教育と高校教育、そしてそれをつなぐ大学入試の三位一体の改革です。

なぜ、そういう改革をしなければならないか。それは、一斉授業に象徴される知識伝達型の日本の学校教育では、これからの二十一世紀の社会には通用しないからです。論理的思考力、判断力、コミュニケーション能力を身に付けたグローバル人材を育成しなければ、これからの国際社会を生き残れないからです。これまで大学入試が変わらない限り、高校教育も変えようがないと主張してきた高校現場からすれば、もう言い逃れはできないところまで来ていることは事実です。

二〇一九年度までセンター試験を廃止して、二〇二〇年度から新テストを導入するというスケジュールが発表されたのは、皆さんもご存じの通りです。それでも大学関係者の中には（高校でも）、まさかそんな大改革ができるわけがないと、高をくっている人がいたはずです。私もそのひとりです。でも、そういう人たちにトドメを刺すような衝撃的な人事が二月に発表されました。前中教審会長で、新しい入試制度の設計に強引とも言えるリーダーシップを発揮して推進した安西祐一郎（前慶応大学学長）という人が、「高大接続システム会議」の座長に就任したのです。本当にやる気だぞ、という大臣の決意を見せつけた人事だと言われています。

さらに文科省は、全国の大学にアドミッション・ポリシー（入学者受け入れ方針）のガイドラインの公開を義務づけました。センター試験廃止後の各大学の個別試験のための準備です。着々と布石は打たれています。

実は、私たちが知らないうちに小学校や中学校の授業はかなり変わってきています。そんな中で、最も変わっていないのが高校の授業だと言われているのです。でも、知識注入型の授業を変えろと言われても、基礎的な知識の注入は必要です。困りましたね。（この項続く）

（第45号・15年4月28日）

人はいつ感動するのか

前号から随分間が空きました。一応、前回の続きのつもりです。知識注入型の授業をどうするか、という話でした。

最近の若い人と話していて違和感を感じることの一つに、感動のハードルが低くなってきているることがあります。大したことのないドラマや映画でも、すぐに「感動した」と言いますね。学校が企画する講演会でも、私自身はこれはちょっと人選を誤ったかなと秘かに反省することが多いのですが、生徒が書いた感想文を読むと、案外「感動しました」と書かれたものが多くて、驚くことがあります。なんなんでしょうね。感動共同体みたいな世界の住人でいる方が、楽だからでしょうか。これについての分析はいろいろあるでしょうが、とりあえず本題ではないので措くとして、感動のもう一つの問題は、感動という情緒的な言葉で目が曇ってそのものの本質が見えなくなる、ということもあります。

ですから、安易に感動を口にすることには警戒しなければなりませんが、それでも授業に感動は必要です。では、人はいつ感動するんでしょうか。いい音楽を聴いたとき。美しい風景を見たとき。ドラマチックな映画を観たとき。いろんなシチュエーションはあるでしょうが、文化祭も近いことですし、最も一般的な、小説やドラマ・映画・演劇の感動について考えてみます。

行き倒れになりそうな青年が、生きていくために盗人になるかどうか迷っている。若者特有の正義感からどうしても盗人になる勇気を持てずにいたが、偶然に老婆と出会い、あれこれ問答することによって一人前の(?)盗人になる。これは、言うまでもなく芥川の『羅生門』ですね。

不良少年の溜まり場みたいになっているラグビー部に、熱血監督が赴任してくる。初めはことごとく部員と対立するのだが、様々な事件を経て少しずつ理解し合い、勝つ喜びを覚え、少年たちは選手としても人間としても成長していく。(このパターンは競技を変えれば、無限にありますね)。

一人の若者が、ある女性と出会う。様々なすれ違いがあって、いつしか女性を愛していることに気付く。そして、様々な困難を乗り越えて女性の心を振り向かせる。ところが、結婚しようとすると女性の親が反対する。さらに様々な努力の末に女性の親の同意を得たと思ったら、女性が不治の病になる。……。

近代ドラマ(劇)の多くは、こういう構造になっています。そこで、人はいつ感動するのか。物語の初めから登場人物が総力を挙げて取り組んで来たことを達成したり、またそのことによって中心になる人物の人物像が変わったときです。すべてのドラマは、小さな葛藤(事件)の積み重ねでできています。一つずつ葛藤を克服することで階段を上っていき、最後に人物像(状況)が大きく変わります。この場面をクライマックスといいます。ダメな野球部員が、甲子園出場の切符を手にした瞬間ですね。そのクライマックスを迎えたときに感動は生まれるわけですが、逆に見ている側が「ウソ〜」と突っ込みたくなるドラマは、どこかリアリティーが欠如していたり、作る側のご都合主義でできているつまらないドラマです。

クライマックスを迎えると、ドラマの推進力がなくなったわけですからドラマは急速に終わらなければなりません。そのあとに、後日談（エピローグ）がダラダラと続くドラマはつまらないドラマです。なんだか、たいした生き方をしてこなかった老人の思い出話を延々聞かされているような感じですね。

一般に、ドラマの中で人物像が変わる登場人物を主人公と言います。『羅生門』においては、人物像が変わるのは青年ですから主人公は青年です。婆さんは変わりません。主人公は一般にひとりですが、野球部員がそれぞれ成長したりするドラマもあります。これは群像劇といいます。授業というのは、ひとつの群像劇だと思います。余談ですが、これには例外があって、コメディやギャグマンガでは人物像は変わりません。天才バカボンのパパはいつまでもバカですし、タラちゃんはいつまでもバブバブ言ってます。

私はよく、「教室は劇場、教壇は舞台、教師は役者、授業はドラマ」と言いますが、その文脈で言うと、授業においては生徒が主人公ですから、生徒は人物像が変わらなくてはならない、ということになります。（さらにこの項続く）

（第46号・15年5月14日）

授業はクイズではない

さらに前回の続きです。授業において授業の主人公たる生徒の人物像が変わる、というのはどういうことでしょうか。

知識注入型の授業の問題点は、授業をクイズにしてしまっていることです。学習プリントを作って、重要語句の部分を虫食いにして授業で埋めさせる。これで終わったら、授業は早押しクイズ番組と同じです。

知識はたんなる道具です。道具は必要です。ですから、英単語も古典文法も数学の公式も歴史の年代も暗記させることは必要です。でも、いくら知識を詰め込んでもたんに物知りになっただけで、問題はその道具を使って何ができるのか、ということだと思います。知識を教え込むことを恐れることはありません。ただ、教える側は道具を与えることによって、その先にあるものを展望していなければなりません。

知識を教え込むときに先生が陥りがちなのは、これはもう覚えるしかないから面白くなくても我慢しかないと自分でも覚悟し、生徒にもそのように思い込ませることです。そうなると、授業は苦行です。私も若い頃に古典文法等を教えるときなどは、そうでした。

『日本語練習帳』で話題になった大野晋という国語学者の『日本語の文法を考える』（岩波新書）

という本に、興味深いエピソードがあります。國學院大學で、ある文法学者が形容詞の講義をしていたときのことです。ひとりの学生が、「先生、形容詞のク活用とシク活用はどのような違いがあるのですか」と聞いたのだそうです。皆さんも覚えておられると思いますが、「～なる」を付けてみて、「うれしくなる」とシクが付けばシク活用、「暗くなる」とクが付けばク活用というヤツですね。思いがけない学生の質問に、教授は答えられなかったそうです。

するとその学生は、シク活用は感情の状態を表す形容詞で、それに対してク活用は物の状態を表すものではありませんか、と述べたのです。言われてみれば簡単なことですよね。ここにその本がありませんから覚えていませんが、大野さんの本にはその学生の名前まで紹介されていました。専門の文法学者でさえ素通りしてきたことに、なぜ？　と立ち止まった時点で、この学生の勝利ですね。学生は授業時間の素朴な発問と仮説によって、古典文法界に名を残すことになりました。國學院大學は国文学では伝統ある名門です。そこの先生でも、知識の伝達に夢中になる余り肝腎なところを素通りしていたのかもしれません。

知識は、人類の遺産です。学校があって、知識ができたわけではありません。人類の長い格闘の末に多くの知識が生まれ、体系化されてテキストができました。全ての場面では難しいでしょうが、その知識ができた現場に立ち会わせることは必要です。

多くの国語の先生方は実践しておられるので、珍しくもないことですが、例えば、私は動詞の活用を学習するときに、「今日は、四段活用を勉強します」とは言いません。～ズ・～タリ・◯・

～トキ・～ドモ・○の語尾をくっ付けて、みんなで活用表を完成させたあとに、「さあ、ではこれからこの活用に名前を付けてみようか」と言います。生徒にあれこれと試行錯誤させ、法則性を見つけて四段活用という命名に行き着きます。同じ考え方で、上一段、上二段、下一段、下二段などは名付けられます。名前ができた現場に立ち会ったので、活用名を暗記する必要はありません。

すると、そこにこれまでの法則では名付けられない活用が出てきます。世の中は一筋縄ではいきません。ドラマと同様で、授業における葛藤はとても大きな要素です。そこで、変格活用という命名法があることを教えます。退屈な古典文法の授業が、少し息づいてくるのではないかな、と思います。

例えば、受身・自発・可能・尊敬の助動詞は、どうして「る」だけではなくて、「らる」もあるのでしょうか。全く同じ意味なら「る」ひとつで十分ではないでしょうか。そもそも、どうして一つの助動詞が四つも意味を持っているのでしょうか。どうして、形容詞にはク活用とカリ活用があるのでしょうか。先生がそこまで説明してやれば、文法は退屈な暗記ではなく美しい言葉の体系であることに気付きます。そこで、ひとこと先生がつぶやくのです。「古典文法って、美しいなあ」と。すると生徒は言うでしょう。文法の授業は面白いと。（またまたこの項続く）

（第47号・15年5月15日）

知識注入型から探究型の授業へ

何かの本で、「学ぶ前と後においては、少なくとも人間が異質のものになっていなければならない」ということを読んだことがあります。逆に言うなら、異質のものにならなければそれは学んだことにはならない、ということです。異質とは世界観が変わるとかものの見方が変わるとかいうことで、ただたんに知識量が増えてもの知りになっただけ、ということでは異質の人間とはいえません。前回、ドラマの主人公がAからA′になったときに観ている人は感動するということを説明しましたが、私たちの内部でも同じ現象が起こったときに、人は感動を覚えるもののようです。

公式であったり、歴史的知識であったり、授業ではまずひとつの道具としての知識が与えられる。これはたんなる前振りです。ここを授業のクライマックスにしてはいけません。これを道具として使えば、問題は解決していく。ところが、そうではない場面に遭遇する。ドラマにおける葛藤ですね。ドラマでは、登場人物が総力を挙げて奮闘する場面です。授業では、これまでの知識や経験を総動員する場面です。主人公の絶体絶命の危機！　さあ、どうする？　どうする？と生徒の胸ぐらをつかんでグラグラ揺さぶる（仕掛ける）のが先生の仕事だと思います。

身も蓋もないことを言いますが、実は私たちが授業で教えていることは、実社会ではほとんどうでもいいようなことです。古典文法なんか知らなくても、二次方程式なんか解けなくても、世の中で生きていくのになんの支障もありません。リベラルアーツ（基礎教養）としての授業は、すぐに役に立たなくてもいいのです。でも、今日の授業でやってる問題がわからないことは、天地開闢《かいびゃく》以来の大問題だと生徒に思い込ませるのは、先生の腕です。生徒に「わかった！」と思わせるには、一度「わからない。どうして？」と思わせなければならないからです。言うまでもありませんが、わからないと思わない生徒をわからせることはできません。そのときに、生徒が教室で集団で学ぶということの強みが発揮されます。教室全体に「なぜ？」の嵐が吹き荒れて、ひとつの問題に向かって集中していく。そのときの先生には、ファシリテーター的要素も必要です。そして、「なぜ？」の嵐がピークに達したとき、誰かの一つの発言で、または先生のちょっとした言葉で謎が解けて、「おーっ！　わかった」という瞬間が訪れる。これが、授業におけるクライマックスです。

ドラマの世界では、新しい材料が次々に出てきても、平板で盛り上がっていかないことをドラマがダンゴになるといいますが、知識を次々に紹介するだけで、前の知識が次の知識を読み解く手掛かりにならなければ、授業もダンゴになるだけで盛り上がりません。

数年前に、他校で若い先生の現代社会の授業を観たことがあります。アダム・スミス→マルクス→ケインズ→フリードマンと、現代の新自由主義に至るまでの経済学の流れを系統的に学ぶというものです。黒板に学者の写真を順に並べて、よく準備されたいい授業なのですが、やはり授業がダンゴになっているわけです。新しい思想はそれ以前の思想の欠点を批判したり、補ったりする形で登場するわけですから、新自由主義まで学習したとき、市場原理とその結果もたらされた格差社会の次に来るべき思想を予見できなくてはならないと思うのです。少なくとも先生は、「じゃあ、次に登場するのはどんな思想だろうか?」ぐらいの問いは発しないといけないと思うのです。当時はまだ登場していませんが、高校生であっても今話題のピケティ的な思想の登場は、十分予見できたのではないでしょうか。これが、探究型の授業です。

でもそれは、授業が階段状に構造化されていないとできないことなのです。そして、この考え方は、一般に知識注入型と受け取られている教科を、探究型の教科に転換する視点だと思います。

先日の全国校長会での講演で学んだにわか勉強ですが、平成二十六年の中教審答申では、「何を教えるか」ではなくて、「どのような力を身に付けるか」の観点に立つ、「主体的・協働的な」学びを推進しています。中教審なんて現場の混乱も知らないでいい気なものだと吐き捨てることは簡単ですが、説明を聞きながらいま最も過激で先進的なのは文科省かも、と思った次第です。

(第49号・15年5月27日)

捨てられる先生の話

皆さんは、東村アキコという人をご存じでしょうか。現在三十代後半で、宮崎西高から金沢美大を出て、宮崎に帰って父親が勤務する電話通信会社でバイトをした後、マンガ家としてデビューした人です。なかなかの美人です。美術部に在籍したらしいのですが、その頃西高に勤務していた先生は、ご存じかもしれません。

私が知ったのは、木原先生からお借りした『ひまわりっ～健一レジェンド～』という実父の奇行を描いたマンガからでした。父親の健一はトロピカルフルーツが大好きで、それが理由で沖縄支店勤務を希望するような変人です。大学を出ても職がない娘に、「なんのために高い金を出して大学出したか、わからんとですわ」みたいな宮崎弁が全編に炸裂し、蜂楽饅頭やミカエルパン、フルーツ大野など宮崎人なじみの場所がいたるところで登場します。小説や映画も含めて、メジャーになった全ての作品で、ここまで宮崎をメインに描いたものは他にないんじゃないでしょうか。

その東村アキコが、『かくかくしかじか』（集英社）という作品でマンガ大賞を取ったというので、これも木原先生に借りて読みました。

これは彼女の自伝的作品なので、当然宮崎が舞台です。進学校にいてまったく勉強せず、マンガ家になることを夢見ていた女子高生が、美大に入るにはデッサンの勉強が必要だと知り、友達のツテで画塾に通い始めます。そこで出会った日高先生との師弟関係が、先生の死によって（ネタバレですね。すみません）終わるまでを描いた作品です。

日高先生という人は徹底したスパルタ教師で、とにかくひたすら生徒にデッサンを課します。

そのうえ生徒は罵倒する、サボる生徒は竹刀で叩く、アイアンクロウで泣かせるという無茶苦茶な教師で、明子はなんとかこの塾から抜け出すことばかり考えます。

日高先生は不器用で規格外の人ですが、生徒に対する思いは強く、明子がこのままでは合格できないと見るや、月五千円の月謝はそのままで、毎日塾に通えと命令します。また、自信満々で受験した筑波大学の推薦に落ちた明子に、「すぐ出てこい。飲みに行くぞ」（女子高校生に！）と焼き鳥屋に呼び出して、「おれ全く飲めんとよ。お前は遠慮せず飲め」とビールを注いだりします。こうして、次第に日高先生の無償の愛を素直に受け入れるようになった明子は、紆余曲折を経て金沢美大に合格します。

大学生になってありあまる時間の中で、どうしても絵に向き合えない明子に日高先生はいつも、「明子、絵を描け。作品がたまったら俺と二人展をするぞ」と言います。夏休みに帰省して、どうしても課題の絵が描けずに泣きわめく明子に、「余計なこと考えんで、見たまま描け。そのまんま描け。泣くな、ボケ～」と叱咤します。日高先生は、作者の才能を見抜いていたのだと思います。

大学を卒業し、OL生活を経て、マンガ家として成功して多忙を極める明子に、突然電話が入ります。それは、肺にガンが見つかって、あと四カ月の命と宣告された日高先生からでした。受験生をたくさん預かっているから、手伝ってくれ。おれの塾を継いでくれないか、という電話でした。それから、一睡もできず宮崎に帰った明子は、悩んだあげく結局日高先生を置いて、再び東京に帰ることを決意します。

作品にはあちこちに作者のモノローグが入ります。「先生、ごめん。私は自分のことしか考えてない強欲な人間だった。先生の残り時間が少ないことを知りながら、先生を見捨てて逃げた」明子は先生のことはなかったかのように、先生の記憶を振り払うかのように華やかな流行マンガ家としての生活を送ります。そんなある日、先生の訃報が入ります。

いい作品でした。才能ある漫画家だなあというのが、一読した感想です。でも、いい作品だけど、それにしてもちょっと冷たすぎるんじゃないか、という気もしました。それは、私の職業が先生だからかもしれません。でも、先生というのは生徒に捨てられる宿命なんですね。いえ、捨てられなければならないのだと思います。生徒は若い生命力そのままに、目の前をどんどん巣立っていきます。先生が、教え子を過去から呼び止めてはいけない。あのとき世話したじゃないか、と思ってはいけない。東村アキコはそんなことを言いたくて書いたのではありませんが、教師の私はそのように読んでしまいました。

（第50号・15年5月29日）

不登校生との向き合い方

数年前に、研修センターの土曜セミナーで、花輪敏夫先生という方の話を聞きました。「不登校の生徒への対応」というテーマで、大変勉強になったので当時勤務していた学校で通信に書きました。先ほど、ある先生と話していて不登校生の話題になり、「あとでその時のコピーをあげるよ」と言ったのですが、いま読み返しても大変興味深くて、他にもこういう生徒に対応していらっしゃる先生はおられるので、みなさんにお配りします。

生徒が不登校になったとき、よく私たちはにわか心理学者みたいになって、原因を追及しますね。そうすることによって対策を練ろうと考えるからですが、花輪先生によると、それは何の意味もない、ただいたずらに責任の押し付け合いになるだけだと言うのです。理想的な子育てをする家庭はないし、どんなに気配りして指導しても、不登校になるときはなる。それよりも今からできることを考えた方がよっぽどいい。だから、「よくわからないが、学校に行きにくい状態」だと認識するのがいいらしいのです。

・家庭訪問の仕方

不登校中の生徒は、「構われたくない」という気持ちと、「学校と切れてしまうことはイヤ」という微妙な心理状態で揺れているといいます。だから、「君の心の中に土足で入るようなことはしないが、でも先生は君をクラスの一員として大事にしているんだよ」というメッセージを送り続けることが大切なんだそうです。その時のマニュアルです。

一、短時間でもいいから何回も訪問する。

二、定期的に行くより、ランダムがいい。
三、朝の登校時の訪問より、午後からの方がいい。
四、日曜日より、土曜日の方がいい。
五、配布物は確実に渡すこと。学校の情報は漏れなく伝えること。ただし、本人の負担になる場合もあるので、本人が選択できるような伝え方をすること。
六、本人と会えたときは、学校の話題はなるだけ避けて、信頼関係を結ぶこと。

・「登校したい」と意思表示した時の対応

しばらく休みが続いたあと、本人が登校したいと意思表示をし始める時が来ますね。このときの対応は、慎重にしなければならないそうです。「明日から登校します。」と約束してできなかった場合の落ち込みは、よけい激しくなるからだそうです。以下はその時のマニュアルです。
一、最初の登校訓練は、火曜か水曜がいい。月曜日はダメ。
二、本人が「午前中だけいます」と言ったら、「ダメだ。二時間だけにしなさい」と学校にいる時間を少なく区切ってやる。(不登校明けの生徒にとって、いきなり一日中教室にいることは、果てしのない海に向かって泳がせるようなもの。必ず、目に見える目標を作ってやる)。
三、「どんなに調子がよくても、二時間以上いたらいけないよ」と逆の「負荷」をかけてやる。

こうすることで、生徒は自分の状態をプラスの方向で考えられるようになる。
四、授業中に先生に指名されることを心配する生徒には、「先生は君を指名するかもしれない。君だけ飛ばすのはおかしいからね。でも、わかっても答えてはいけないよ。教科担の先生にはあらかじめ話してあるから」と伝える。
五、同じくテストを不安がる生徒には、「テストを受ける練習だから、名前だけ書きなさい」とか、「練習だけど零点はいやだろうから、わかったことの半分だけ書きなさい」という。
六、登校を約束してできなかったときは、本人の前でがっかりしない。親も先生も、「まだ早いと思ってたんだよ」とさりげなく振る舞う。

ここに共通するのは、「大きな山を作らない」「たとえ失敗しても、大したことがないかのように思わせる」ということだそうです。
以上、すべて花輪先生からの受け売りですが、やっぱり専門家というのは大したものですね。なるほどなあと思うことがたくさんありました。

（第51号・15年6月9日）

役者の成熟について

スタジオジブリの映画は、『魔女の宅急便』以降必ず映画館で観ているという、つまらない自慢を以前書きました。同じように、クリント・イーストウッド監督の映画も、できる限り映画館で観るようにしています。クリント・イーストウッドは、昔アクション俳優として『ダーティー・ハリー』で名を馳せましたが、その頃の彼には興味がありませんでした。その後、どこかの市長をしているという話も聞きましたが、映画人としては長い沈黙の後、『許されざる者』という西部劇の監督として復活しました。自らも主演して、頑固で保守的な老人を演じた、『ミリオンダラー・ベイビー』や『グラン・トリノ』は深く心に染みる名作でした。通俗的なベストセラー小説を映画化した『マディソン郡の橋』では、名優メリル・ストリープと共演して、忘れられない別れのシーンを見せてくれました。原作を超えている、という評価もありました。

今年話題になった『アメリカン・スナイパー』は残念ながら見逃しましたが、昨年の『ジャージー・ボーイズ』は、あまり話題にこそなりませんでしたが、実在のコーラスバンドをモデルにした物語で、軽快な語り口で引き出しの豊かさを見せ、音楽も楽しくて好きな映画でした。

そのクリント・イーストウッド監督の作品に、『硫黄島からの手紙』という映画があります。太平洋戦争末期に硫黄島で孤立させられた旧日本軍と米軍の攻防を、栗林中将の視点から描いた作品です。米国人としての一方的な見方ではなく、勇敢な日本軍とその指揮官に対する深いリスペクトが感じられる映画です。まず思ったのは、なぜ、この映画を作ったのが日本人ではなくて、アメリカ人だったのかということでした。この映画は日本人によって作られるべきだったのに、という思いです。それから思ったのは、栗林中将を演じた渡辺謙の役者としての力量でした。

本国からの物資や武器の支援を絶たれた栗林中将は、それでも米軍の本土攻撃をなんとか遅らせようと奮闘します。多くの部下の命を預かった責任。水際作戦を地下壕での持久戦へと変更する決断への迷い。本国にいる幼い子どもや家族への思い。暗い地下壕の中で、深い孤独と向き合いながら、栗林中将は幼子にやさしい手紙を書きます。その中将にカメラは静かに寄り添います。いい映画というのはいつでもそうですが、映画館を出て何日経っても、私の中に栗林中将の残像が残りました。この映画の封切りをきっかけに、日本では栗林中将の再評価も起こりました。私にとっては、役者渡辺謙を再認識させた映画でもありました。話が遠回りしましたね。渡辺謙のことを書きたかったのです。

誰も記憶していないと思いますが、私は随分昔に、渡辺謙が朝日新聞の投書欄に一般読者として投稿した文章を読んだ記憶があります。彼がちょうど、初めての白血病の闘病生活を送っているときでした。内容は、生きることの尊さについての思いを綴ったものでした。NHKの大河ドラマ『独眼竜正宗』で人気を博し、角川映画の『天と地と』の主役に抜擢されてまもなくのことでしたから、一九九〇年頃です。その後回復して、また再発して治療した後、現在に至っています。

日航機墜落事故の顚末を題材にして、日本の映画賞を総なめにした『沈まぬ太陽』の演技も忘れられません。事故処理係として遺族の許を一人ひとり訪ねて、彼は深々と頭を下げます。その頭の下げ方がすごいと思ったのです。人間性が滲み出る下げ方なのです。「役者は役を演じるのではなくて、役を生きろ」と言いますが、大病を患って、生きるということを正面から見つめ続けた渡辺謙は、結果的には役者としても思わぬ高みに辿り着いたのだと思います。彼よりも年上でありながら、人として遠く足下にも及ばない私が言うのもナンですが、誠実に自分と向き合って精進し続けると、人はこんなところまで行き着くのかと思います。

最近、渡辺謙がブロードウェーのミュージカルに挑戦して、トニー賞の候補になった快挙が大きく報じられました。すごいなあと思うと同時に、あの圧倒的な存在感をもってすれば、当然だろうとも思います。

哲学者の鷲田清一が『おとなの背中』(角川学芸出版)という本で、理想の教師論についてあれこれ述べた後、結局行き着くところは、「雰囲気のある先生」ということではないか、と書いています。役者と教師、世界は違いますが、通じるところがあるような気がします。残念ながら、収入だけは全く通じるところはありませんが。

(第52号・15年7月9日)

造花だとなぜがっかりするのか

『奇跡の教室』

一学期の終業式で、「役に立つ学問」ということについて疑問を呈しました。話が長くなったので（最近、私の話は長くありませんか？　長い話をするのは、精神の衰えのあらわれだと思っています。そんなときは、そっと教えてくださいね）、触れることができませんでしたが、実はあのとき私の頭の中には、『奇跡の教室』（伊藤氏貴著　小学館刊）という本で紹介された橋本武先生のことがありました。

橋本先生は、あの灘高校で五十年間教鞭を執っていた伝説の教師です。灘高は、中高の六年間を同じ教科担任が持ち上がるという方式を採っています。橋本先生は国語の先生ですが、中学校三年間をかけてひたすら中勘助の『銀の匙』一冊だけを読むという授業を展開した人です。

みなさんは『銀の匙』という小説をお読みになったことがありますか。明治時代のちょっと上流階級のお坊ちゃまの思い出を描いた、なんだか甘い香りのする不思議な話ですね。橋本先生は『銀の匙』に駄菓子が出てくると、それと同じものを神戸中を回って探して食べさせたり、丑の日が出てくると、そこから十干十二支《じっかんじゅうにし》を説明し、さらには暦法、二十四節気にまで話が及ぶという具合です。しかも、それは偶然の脱線ではなくて、綿密な教材研究によって、あらかじめ緻密に作られた授業プリントに用意されているのです。

こういう調子ですから橋本先生の授業はなかなか先に進みません。あるとき一人の生徒が強い口調で、「先生、このペースだと終わらないんじゃないですか?」と立ち上がったそうです。そのとき橋本先生は静かに、

「私の授業は速さを競っているわけではありません。君たちに速読を教えようとも思っていない。それよりも、みんなが少しでもひっかかったところ、関心をもったところから横道にそれていってほしいと思っています。すぐに役立つことは、すぐに役立たなくなります。そういうことを私は教えようとは思っていません。なんでもいい、少しでも興味を持ったことから気持ちを起こしていって、どんどん自分で掘り下げてほしい」

と、答えます。

橋本先生が、『銀の匙』の授業の真意を生徒に語ったのは、後にも先にもこの一回きりだそうです。「あえて捨てる、あえて徹する、あえて遠回りする」。これがこの授業を始めたときの橋本先生の決意です。

そんなことは、あの灘高だからできたことなんじゃないのか、と思われる方も多いと思います。しかし、橋本先生が中学一年生に対してこの授業を始めた前年、東京大学新制第一期新入生の灘高合格者はゼロだったのです。そして、橋本先生が教科書を捨てて初めて受け持った初代『銀の匙』組の生徒たちは、その六年後に十五名が東大に合格し、さらにその六年後、二代目『銀の匙』組は、東大に三十九名、京大に五十二名（一学年二百名中）が合格し、一気に関西の超一流進学校として名を馳せるようになるのです。結果的に、この授業は大学受験に対応できる学力も付けていたのです。そのことについて、筆者の伊藤さんは、「灘高のこの時期での全国でも突出した躍進ぶりは、やはり教師たちによるゼロからのテキスト作りなど、マニュアルに頼らない授業改革こそが最大要因だったと考えるべきだろう」と分析しています。

橋本先生の下からは、そうそうたる人材が巣立っていきました。映画『沈まぬ太陽』にも登場した御巣鷹山日航機墜落事件の遺族側弁護団の海渡雄一氏（国会議員福島瑞穂さんの夫）、東大二十九代総長の濱田純一氏などが口々に言うのは、橋本先生の授業で身に付けた力のすごさがわかるのは、実社会に出て三十歳くらいになってからだ、ということです。それは、「すぐに役立つことは、すぐに役立たなくなる」という、あの授業中の橋本先生の言葉を彷彿とさせるものです。余談ながら、私はこの本を読みながら、宮崎県の国語教師だった橋口巳俊先生のことを思い出してしまいました。今は亡くなって、知る人も少なくなりましたが。

高等学校の務めは、「小さな完成品を作ることではなく、大きな未完成品を作ることだ」と言った人がいます。何かと世知辛い世の中ですが、せめて私たち教師は、そのくらいの気概で生徒に接したいものです。

（第53号・15年8月27日）

いい話、三題

最近、本校の生徒にまつわることで、うれしかったり心をなごませられたりという機会がありました。ひとりで取っておくのがもったいないので、先生方にもご紹介します。

先日、独身生活を謳歌する私の部屋に、カミさんの査察が入りました。うちのカミさんは自宅ではゴロゴロ寝転がって、テレビのリモコンをいじるだけの生活ですが、私の部屋に来ると突然スイッチが入るようで、やたらと掃除をします。もしかしたら、長い髪の毛を探しているのかもしれません。そのときは、最近長い毛がときどき生えてくるんだ、と言うつもりですが、とりあえず、こんなときは接待するしかありません。行きつけの小料理屋のカウンターでカミさんと飲んでると、隣の席に三人連れのご婦人方が座りました。小さな店です。私は体験的に、「まずいな」と思いました。女性だけのグループだとお喋りが弾んで、とてつもなくうるさくなることが多いのです（すみません。女性のみなさん。男だってうるさいじゃない！とお怒りでしょう）。

しばらくすると、どういう流れか彼女らが延高の話を始めました。でも、うちの保護者ではないようです。なんだろうと気になります。「延高の女の子って、なんか上品やがねぇ」「うん、かわいい子が多いがね」「なんかいいとよね」。カウンター越しに、マスターが私を見てニコッとしました。私は、シーッと目配せをしました。

体育大会も迫ってきたある日の放課後、校舎をぶらぶらしていたら、何団かわかりませんが、第一棟の三階でリーダーが応援練習に精を出していました。「こんにちは」と教室の中から元気に挨拶してくれたので、「見せてよ」と言って立ち止まりました。すると、女子のリーダーが集まって何事か打ち合わせを始めたと思ったら、いきなり私の方に並んでチアリーディングを始めたのです。そのうち、教室にいた男子生徒も手拍子を始めました。

わかりました。私が、「練習風景を見せてよ」というつもりで言ったのを、彼女らは「今練習してたダンスを見せてよ」と受け取ったのでした。だとしたら、彼女らにとっては無茶ぶりもいいところです。ダンスが終わって決めのポーズを取る彼女らに、私は拍手しながら、「ＡＫＢ以上やね」と言いましたが、内心では心が洗われる思いでした。

先週の土曜日のことです。出前講座で来られた宮大の先生方を見送って事務室前に立っていたら、部活帰りの一年生とおぼしき女の子三人が話しかけてきました。

「校長先生は何歳ですか」と聞くので、「七十八歳だよ」と答えると、「わあ、（七十八歳にしては）若いですね」と言います。おいおいそこは突っ込むところだろう、と思っていると、別の子が「校長先生はジープを売ったんですか?」と出し抜けに聞きます。話がポンポン飛ぶのが彼女らの特徴です。「今日は歩いて来たんだよ」と言うと、「私は毎朝そこに校長先生のジープが止まってると、なんだか安心するんです」なあんてかわいいんだ、と思わず泣きそうになります。すると今度は、「校長先生はいつからその丸メガネをかけてるんですか。私はそのメガネが好きです」と、また別の話。

「君たち担任は誰先生ね」と、今度は私から尋ねます。「私たちの担任は、延高のマドンナって言われてます」「延高のマドンナって誰ね」「大迫先生も授業中にそう言ってくれましたよ」そこに、ちょうど通りかかったのが田村綾香先生です。「田村先生、延高のマドンナって知ってるね」「知りません」「ほら、この先生もマドンナ先生みたいやろ」と生徒たちに振ると、素朴な目をして、「わあ、きれいな先生。先生は教科は何ですか」と言うから、「国語だよ。君たちも二年になったら田村先生に持ってもらえるよ」「わあー、いい！」

「君たちの国語の先生は誰ね」と私。「千本先生です」そこまで聞いて、ちょっと意地悪な質問をしてみました。「じゃあ、千本先生と校長先生とどっちが好きね」。三人「……」

一瞬の沈黙の後、ひとりの子が、「あ、でも私は校長先生のジープとメガネは好きです」と懸命にフォローしてくれました。生徒って本当にかわいいなあ、と思ったひとコマでした。

（第54号・15年9月14日）

防火管理者講習会の話

福島高校で教頭になったとき、管理職には必要だと言われて、防火管理者講習というものを受講しました。教員になって、まさか防火管理者になるなどとは思いもよらないことでした。「よし、こうなったらしっかり受講して、防火管理者としての責任を全うするぞ」などという気持ちになるわけもなく（すみません）、しぶしぶ出掛けました。

会場に着くと、見るからに私以上にやる気のない人々であふれていました。茶髪やTシャツの若いお兄さんもいます。きっと、無理矢理会社の指示で行かされたんだろうな、と想像しました。

こんな連中に講義をしなければならない先生こそ災難です。二日間で五人くらいの先生が入れ替わり立ち替わり講義をされましたが、どうも関係部署を退職されたエライさんのようでした。失礼ながら、ほとんどの先生は、「あなた方も大変でしょうが、私たちも仕方なくやってるんですよ」というオーラを全身から放っておられました。まあ、それはそうですよね。ハナから聞く気のない者と教える意欲のない者との授業。一体これから二日間どうなるんだろうと思いました。（すみません。東日本大震災後はこんなことはないんだろうと思います。随分以前の話です）

でも、いつもは授業をする身がされる側に回るのは、なかなか新鮮で不思議な体験ではありました。二日間、いろんなことを考えました。

まず、全ての先生はあなた方が仕方なく来ていることは百も承知だ、というようなことを前振りで言い訳がましく言いました。そして例外なく、この講習の最後に「試験」（のようなもの）があることを予告しました。この最後の「試験」が、二日間の講義を成立させる唯一のモチベーションになっていることは明白でした。

それから、寝たければ寝てもいいがいびきをかくのだけはやめてほしい、と言った先生もいました。と言いながら、この先生は最前列の茶髪青年が遠慮会釈なく机に伏して眠っていたら、注意しました。だったら最初から寝てもいいなんて墓穴を掘るようなことを言わなければいいのに、と思いました。

講義の途中で、受講者に突然思いついたように指名する先生もいました。弛緩した会場の空気が、一瞬緊張するのを感じました。それから、教壇から降りて受講者の中に入ってくる先生もいました。これも、空気が変わりました。なるほど、この二つは授業するときに案外有効なんだな、といつの間にか授業者目線になっている自分がいました。

先ほど、例外なくと書きましたが、実は一人だけ私に強烈な印象を残した先生がいました。この人は、「どうしても話しておきたいことがあるから、特別に三十分だけ時間をもらいました」と言って登場しました。試験のことなどひとことも言いません。そんな話をする時間も惜しい、という風情でした。でも、この先生の時だけだらけた集団の空気は明らかに変わりました。私もそれまでの眠気が嘘のように覚めました。結局、先生次第なんだなと思いました。

そして、伝えるべきことだけ話してしまうと、風のように去っていきました。この方の名前も忘れましたが、なんだか教えるということの本質を見せられたような気がして、どこにも立派な人はいるもんだなと思いました。

そういえば、昔、免許の更新で、ちょっとばかり長い話を聞かなければならないコースに回されたときのことを思い出しました。年老いたその講師は、ことあるごとに自分の奥さんを引き合いに出すのでした。もうつまらんことは言わんでいいから、早く終わってくれという部屋中の視線に耐えながら、老講師はコテコテの使い古されたギャグを織り交ぜながら、交通安全について熱心に語り続けました。講話が終わったとき、思いがけないことが起こりました。拍手が起こったのです。私も拍手しました。免許の更新で拍手するなんて初めての経験です。部屋中が老講師の熱意に打たれていたのです。

話が逸れましたね。で、二日間が終わり、形ばかりの「試験」もあって、私も立派な防火管理者になりました。今となっては、内容も何一つ記憶になくて、そのときもらった管理者証もなくしてしまいましたが、あのときの印象的な先生のことだけは、今でもよく覚えています。

（第55号・15年9月18日）

「からまん坊」がゆく

昨日の職朝で、「今回採用試験に合格された先生方は、校務分掌の主任がうちの部にほしいと言ってくれるような、学年主任がうちの学年に是非ほしいと思うような、クラス担任がうちの副担や教科担として是非ほしいと思うような先生になってください。これから半年間、そういう思いで勉強してください」と言いました。そう発言した後で、自分の新採時代を思い出して、少し恥ずかしくなりました。私自身は、とてもそんな人間ではなかったからです。

教員二年目の四月一日。新しい担任や校務分掌が発表されました。私は初任一年目は生徒指導部で、生徒会係でした。当時の大宮高校は生徒会活動が盛んな学校で、私は木許先生という先輩の先生と九時頃まで生徒会室にいることが当たり前という毎日でした。生徒総会や文化祭の準備で遅くなると、生指部長の中島先生が、「段さん、出前を取ろうか」と言ってくれました。そんなときは必ず、自分のお金では食べられないたつみ食堂の他人丼を注文したものでした。

二年目は教務に名前がありました。その名前がボールペンでパソコンの見え消しみたいに横線二本で消してあって、あらたに環境美化部に手書きされていました。当時は、ガリ版の時代です。事態は容易に想像がつきました。発表の朝、原案を見せられた教務主任が激しく抵抗して、印刷し直す時間もなく、手書きで書き換えたのでしょう。教務主任は、温厚でとても実直な方でした。

そんな人に避けられたのですから、一体どの口が偉そうに、「うちの部にほしいと思われる先生になってください」なんて言えるでしょうか。

当時、私に付けられたあだなは、「からまん坊」でした。その頃売り出された最新の洗濯機で、洗濯物が絡まないように棒が付いている「からまん棒」という洗濯機があったのです。私があんまり人に絡むから、逆に「からまん坊」。飲み会の最中に先輩と口論になって、怒った先輩が飲み屋を飛び出したこともありました。私が飛び出したこともありました。生意気なヤツでした。

私は納得できないことには、「なんでですか」と食ってかかる人間でした。当時そういう人間を一番嫌がったのは、上下関係にうるさい体育の先生でした。かわいがってくれる方もいましたが、少し年上の先生には結構やられて、負けそうになることがありました。私は毎朝、長渕剛の「いざとなったらお前をぶん殴って〜」みたいな歌詞の曲を車のカーステレオで大音量で流して、自分を鼓舞しながら通勤したものです。

若い頃の私は、教師は生徒のために「正しさ」に殉じなければならないと思っていました。成績会議で生徒が留年しそうになると、全く知らない生徒でも手を挙げて擁護していました。大論陣を張った挙げ句に、生徒が退学になったときは、無力感からどうしても翌日学校に行けなくて、年休を取って映画館に行ったこともありました。そのとき観た映画は、さだまさしが多額の借金を抱え込んだ『長江』という映画でした。

大学を出るときに恩師が、「学校の先生は若かろうがベテランだろうが、生徒に責任を持っているということでは同じなんだから、遠慮することはない」と背中を押してくださったことが、バカに拍車をかけました。

当時、私の頭の中にあったのは、面白い授業をするということだけでした。いい授業をするために教員はいるのだから、生意気だろうがなんだろうが構わない、と開き直っていました。特に、授業の導入部には精力を傾けました。夜中まで考えてもいい導入を思いつかず、始業のベルがなって職員室を出ても思いつかず、教室の角を曲がれなかったこともありました。今考えると、実際の授業の本質はそこにはないのに、当時はやたらとこだわっていたのです。

若い先生方、「求められる先生になってください」と言ったのは、決して従順なもの言わぬ先生になってください、という意味ではありませんよ。かといって、私のようではどうしようもありませんから、そこはまあそれなりにということで。

（第56号・15年10月20日）

人間の成熟について

私だけではないと思いますが、いい映画を観るとその残像がいつまでも残って、数日間は不思議に満たされた気持ちで、人生を肯定的に感じたくなります。先日の三連休に観た『マイ・インターン』は、そういう映画でした。

主演は、ロバート・デ・ニーロとアン・ハサウェイです。アン・ハサウェイは私にとっては、『レ・ミゼラブル』で抜群の歌唱力が記憶に新しい女優でしたが、この映画では、ファッションサイトの若き敏腕経営者で、勝ち気でそのクセ傷つきやすい女性をチャーミングに演じて、いい女優だなあと一遍でファンになりました。でも、何と言っても圧巻はロバート・デ・ニーロでした。

ロバート・デ・ニーロと言えば、私たちの世代は、『タクシードライバー』での狂気じみた若者の印象が鮮烈です。『ディア・ハンター』では、ベトナム戦争で死と隣り合わせの恐怖から常軌を逸していく男を演じました。ロシアン・ルーレットの緊迫感と退嬰的なラストシーンが印象的な映画でした。

『レナードの朝』という映画もありました。奇病で次第に体の自由を奪われていく男は、恋人との別れを決意します。最後に恋人と会うために、痙攣する手櫛で懸命に髪を撫ぜつけるしぐさの鬼気迫る演技。察した女は、不自由な体の男に病院の食堂で「踊りましょう」と誘います。そして、去っていく恋人を二階から見送るために、必死に窓辺ににじり寄る場面は、私にとっては映画史上に残る名場面でした。長くて少し退屈なこの名画は、この場面によって私には忘れられない映画となりました。ある時期、ハリウッド映画の代名詞的存在として、屈強な肉体で疾走した役者がロバート・デ・ニーロでした。

中年になって出演した『恋に落ちて』も、しみじみとした佳篇でした。若い情熱にまかせた恋愛とは違って、ブレーキをかけながらの中年の恋のもの悲しさを名優メリル・ストリープと演じました。

　そのロバート・デ・ニーロが七十二歳になって出演したのがこの映画です。退職して生活には何ひとつ不自由しない男が、もう一度世の中と関わりを持ちたくなって、社会貢献のためにシニアインターン制度を作った会社に就職する話です。

　最初は厄介者扱いされたベン（ロバート・デ・ニーロ）は、次第にその経験と人間性で職場の信頼を集めるようになります。ジュールズ（アン・ハサウェイ）は、自分のアシスタントとなったベンを疎んじて配置換えを命じたりするのですが、それさえも淡々と受け入れるベンの人間性にいつしか信頼を寄せるようになります。ストーリー自体は、よくあるなんてことない話なのですが、とにかくベンが魅力的なのです。職場の若者に恋の手ほどきをし、服の着こなしを教えます。ハンカチなんか持ったことがないという男には、「ハンカチは、泣いている女性に渡すために持つものだ」と諭します。おお、あのロバート・デ・ニーロにこんな成熟の境地が待っていたのか、と昔を知る者には感慨もひとしおです。

　先日、クリント・イーストウッドのことを書きましたが、欧米の俳優には年を重ねて新しい境地を開く人が多いですね。日本の男優は年を取ると、マグロの一本釣りに走ったり、バラエティでいじられたり、過度に政治的になったり、どうもうまい成熟への道が用意されていないように感じます。強いて言えば、『男たちの旅路』の鶴田浩二、小津安二郎映画の笠智衆、晩年の高倉健あたりでしょうか。みんな故人ですね。どちらかというと、粋というより愚直という印象です。その点、女優の方がきちんとしていますね。沢村貞子（故人）とか吉永小百合とか八千草薫とか岸惠子とか（いずれも異論はおありでしょうが）、すぐに何人かの顔が浮かびます。

いいえ、役者だけのことではありません。どんな老人になるかは、大切な問題です。私もそう遠くない来たるべき老境のために、日頃から心して生活しなければと自戒した次第です。

（第57号・15年10月23日）

造花だとなぜがっかりするのか

私が時々引き合いに出す内田樹さんが、コミュニケーションの本質について、『先生はえらい』（筑摩プリマー新書）という本で、興味深いことを書いています。コミュニケーションというのは、伝えきれない部分があるということ、誤解の余地を残しているということが大事だというのです。その証拠に、人間関係で「わかった」というのは、大抵の場合、最後通牒を意味するというのです。「もう、わかった」「今度という今度は、あなたという人がわかったわ」と相手に通告するときは、理解できてよかったという意味ではなく、別れを宣言しているのだと言います。これは、これ以上相手を理解しようとする努力の放棄を宣言している、と言っているのです。

言われてみれば確かにそうですね。逆に、「あの人ってわからない人だわ」とか、「不思議な人よね」というときは、婉曲的に好意を告白していることが多いですね。

私はこんな経験があります。ある年、三年生の教室に行ったら、教卓に美しい深紅のバラが生けてあるのです。赤い花びらには、小さな銀色の水滴が付いていて、キラキラ光っています。思わず、「きれいなバラだな。誰が持ってきてくれたんだ？」と聞いたら、前列に座っている子が、「私ですけど、先生それ造花ですよ」と言うのです。「え、これ造花なのか。でも、水滴まで付いてるじゃないか」「それも造り物なんです」「えーっ!!」と驚いた瞬間、私の心に「なんだ、造花なのか」という小さな失望が走りました。そこで、「あのな、実はいま造花と聞いた瞬間に、俺の心の中に何かがっかりした気持ちが生まれたんだけど、なぜなんだろうな。生花だろうが造花だろうが、美しいことに変わりはないのに、なぜがっかりしたんだろうな」と問いかけました。

私の中に答えはありません。本当にわからなかったから生徒に尋ねたのです。それから、教室中で大論争になりました。およそ繊細さとは縁遠い男子生徒が、「生きているから」と発言したときには、クラス中が大爆笑に包まれました（あとでわかったのですが、実はこれはかなり正解に近い答えでした）。結局、二十分近く議論していろいろ意見は出ましたが、「正解」には行き着きませんでした。でも、クラスの卒業文集で、「今年印象に残ったことば」の欄に、多くの生徒が「生きているから」と書いていました。それから十年ほど経って卒業生と飲む機会があったときにも、教え子のひとりが、「先生、造花だとなぜがっかりするのか、私はいまだにわからなくて、そのことをときどき考えています」と話してくれました。

授業に臨む教師の態度として、私のとった行動が正しいあり方かどうかは、極めて問題です。でも、私がなにげなく問いかけた言葉は、多くの生徒に強く印象に残ったことは事実でした。まあ、まぐれですけどね。

先日の授業研修で、田中先生の倫理の授業を興味深く参観しました。「空気を読む」ことについて、肯定的なものと否定的なものと両論をプリントで配布して、生徒に考えさせる場面がありました。私は胸がザワザワしました。生徒でもないのに、後ろから何か言いたくなりました。それから、ハイデッガーの学習では、自分のことを十秒間で表現するとしたら、どう言えばいいか考えてみなさい、という発問がありました。シャイな田中先生独特の間と掛け合いで、生徒は大いに盛り上がっていました。私も生徒のように考えてしまいました。まだわかりません。もちろん、正解はないのですが、こういう後に尾を引く発問は大事だなと思いました。

一般に、わかる授業はいい授業だと信じられています。でも、わからない部分を残しておくということも大事な授業の要素です。冒頭に書いたように、「わかった」時点で、人はそれ以上考えなくなってしまうからです。先生が教室を去った後に、生徒がもやっとしたものを感じて、その疑問を家まで持って帰るような授業。そんな授業が理想なんだと思います。

（第58号・15年10月27日）

誰も幸せにならないシステム

先生の研修権

先日、東京へ出張する機会がありました。つい数年前までの私は田舎者だったので、東京に行くと山手線にしがみつくように行動していました。ＪＲ線と私鉄を乗り継ぐという芸当が、至難の業だったのです。複雑な路線図を見て、乗り継ぎ料金を計算するのがひと苦労。それから私鉄の改札口を見つけるのがひと苦労。通行人に聞いても、案外知らない人が多いのです。

ところが、今の私は無敵です。ブラタモリではありませんが、寸暇を惜しんでブラブラします。会議が十時からだと少し早くホテルを出て界隈をブラブラ。五時に終わると暗くなるまでブラブラします。先日の出張では会場が東京駅近くだったので、帰りに古い駅舎を見たくなって、ウロウロしました。混雑する東京駅の地下街なんかを覗いて丸の内口に出て見ると、古い駅舎とその近辺の高層ビル街のアンティックな造りの佇まいがなんとも素晴らしくて、そのままビル街の方に歩いてみました。しばらく歩くと、なんと驚いたことに、そこは皇居ではありませんか。そんなことも知らなかったのか、という声が聞こえてきそうです。さらにお堀沿いに歩くと皇居入り口があって、無料だったのでそのまま中に入りました。

今年、私に最も深い感銘を与えた映像は、パラオ諸島のペリリュー島で、海に向かって深々と拝礼される天皇皇后両陛下の後ろ姿でした。折しも国会では安保法制が取り沙汰されようとしている頃合いでした。政治的発言ができないお二人の、かなり雄弁な後ろ姿のように私には感じられました。そんなことを考えながら一時間ほど歩いていると、目の前に地下鉄駅入り口の表示がありました。たしか大手町と書いてあったと思います。どこにつながっているかも知りませんが、今の私は無敵ですから、「フフ、疲れたな。ちょっと地下鉄にでも乗って帰るか」と余裕をかまして、地下鉄への階段を降りるのです。

田舎者の私がなぜ無敵になれたのか。それは、SUICAを持ったからです。なんだ、なんて思わないでください。料金を計算せずに、思いついたところで乗って、気の向いたところで降りる。本当に自由になりました。このSUICAは、役者をやってる教え子と飲む約束をして待ち合わせたときに、教え子が作ってくれました。しかも、お金もないのに五千円チャージして持たせてくれたのです。まるで、小津映画の田舎から上京した父親扱いです。だから、私にとっては宝物なのです。

すでに授業をしなくなった私が、いたずらに見聞を広めても先生方ほどには生徒に還元できる機会はありません。それでも、もしかしたら何かの挨拶の中で活かされるかもしれません。そう思って、ブラブラするのです。

教育公務員特例法（教特法）という法律の第二十一条にこうあります。「教育公務員は、その職責を遂行するために、絶えず研究と修養に努めなければならない」として、「教育公務員の任命権者は、教育公務員の研修について、（中略）その実施に努めなければならない」と、その任命権者の責任にまで言及しています。

つまり、地方公務員法の「職員には、その勤務能率の発揮及び増進のために、研修を受ける機会が与えられなければならない」という考え方を一歩進めて、教育公務員の研修について、特別な配慮を要請しているのです。教育というのは、教科指導で知識や技術を授けるだけでなく、児童生徒との人格的なふれあいを通じて適切な指導・支援を行うものだから、先生には人間の成長・発達についての深い理解や、広く豊かな教養が必要ですよ。だからせっせと研修してくださいね、と言っているのです。

県外出張すれば、何かと規制もやかましく、手出しも多くなる時代です。自費で研修すればなおさらです。でも、教員としてのプライドにかけても、研修はすべきだと思います。昔は、飲み屋に行くのも研修だと豪語していた人がたくさんいました。まあ、それも否定はしませんけど。

（第59号・15年11月11日）

学校が組織として機能するために

随分久しぶりの校長通信です。前回はいつだったかなと見返したら、なんと十一月十一日でした。普段は校長室でボーッとしている私も、この間少しばかり忙しかったということでしょうか。

組織マネジメントの言葉で、各分野にとって最良を目指すことを部分最適といいます。組織の構成員は、それぞれの持ち場で最良を目指します。それが問題になってくるのは、それぞれが最良を目指して努力することが、全体にとっては必ずしも最良にならない場合です。学校で言うなら、各教科、各校務分掌等で最良を目指すことが、必ずしも学校全体に利益をもたらさない場合がある、ということです。

たとえば、生徒指導部が厳格に指導をしたために容儀はよくなったけれど、生徒の自主性や創造性が損なわれて個性のない従順な生徒ばかりになった結果、学校から活力が失われたとしたら、部分最適が行きすぎて全体最適が損なわれたと考えるべきでしょう。また、教科指導で特定の教科だけが多くの課題を出して、生徒が学習時間の多くをその教科に費やしたためにその教科は伸びたけれど、総合力としては低下したという場合も同じです。

「木を見て森を見ず」という諺に通じる考え方です。最もいいのは、部分最適の努力が全体最適につながることです。そのためには、管理職や各主任などが全体のバランスをとるように組織をコーディネートすることが必要です。「木も見て森も見る」組織になればいいわけです。

有能な人が集まっているから、力のある集団ができるとは限りません。有能な人たちが、能力を潰し合うこともあります。個々の能力がうまく嚙み合って、組織として機能しなければならないのです。ちなみに私見ですが、私は教員として必要な能力は三つあると思っています。一つ目は、いい授業ができること。二つ目は、学校の使命を理解して行動できること。三つ目は、同僚と親和的な人間関係を作れることです。あとの二つは教員に限りませんね。社会人としては当然のことだと思います。いくら有能で熱心でも、所属する組織の全体最適を阻害することは、組織人としては問題です。

以前、「堀川の奇跡」で有名な京都の堀川高校を訪問したことがあります。驚いたのは、二時間目の後に朝のＳＨＲがあるのです。教頭先生に理由を聞くと、「朝はいろんな事情で遅れて来られる先生もいてはるし、生徒も全員は来てませんからね。このくらいだと大体揃っているから連絡漏れがないんですよ」とのこと。

なんという合理主義！と思いました。そういう発言が説得力を持つのは、同校が結果を出しているからですね。その教頭の言葉でもう一つ心に残ったのは、「学校には大切な仕事が、際限なくあります。その全てに全力を尽くしていたら大変なことになりますから、払うべき労力は何かということをいつも考えています」ということでした。

つまりそれは、プライオリティ（優先順位）の問題でもあります。ある学校行事を行う時に、もちろんその行事には意義も歴史的背景もあるのだけど、全体最適の視点で考えたらどうだろう。また、優先順位という考え方から見るとどうだろう、という視点は必要です。全ての実践は二年目から形骸化します。どんなに優れた実践も必ず形骸化します。一年目は導入するときの熱い思いもあって成功したとしても、その熱い思いは徐々に冷めていき、人も変わり、形態だけが引き継がれて、去年もやったからやるのが当然、ということになっていきます。去年正しかったことが、今年も正しいとは限りません。

さて、そろそろ次年度のことを考える季節になりました。そういったことを頭の隅っこに置いて、それぞれの持ち場で智恵を出し合って、あるべき延高の姿を描いていただきたいと思います。

（第60号・16年2月4日）

沖縄で人間の奥深さを目撃する

冬休みに沖縄に行ってきました。教務主任からは、「校長が年休を取っていいんですか？」と逆パワハラを受け、三年担任のある先生からは、調査書の決済がもらえないという理由で、「チキショー」という古典的なことばで非難されるという、逆風の中での旅行でした。

昨年、九州普通科校長会が沖縄県でありました。ところが、その案内文書がいつまでも送られて来ないのです。やっと来たと思ったら、公文書のとんでもないところに「？」が入っていたりするのです。それから、ちょっと信じられないようないくつかの不手際があって、最初は少しイライラしたのですが、そのうちにそんな自分がとてもちっぽけな人間に思えてきました。

沖縄の校長先生たちは、遠来の客人に「ムーンビーチから見える夕陽を見せたい」という壮大なテーマを持っておられました。そのために、夜の懇親会は那覇から一時間ほどの北谷町にある、海に沈む夕陽が見えるホテルにバス移動して開催されました。ところが、当日は台風の影響で雨。

さぞかし落胆されているかと思いきや、開会式での何人かの挨拶のなかで、誰も夕陽の話題に触れないのです。それも無理して触れないのではなくて、夕陽？　なにそれ、という風情です。「うーん、大きい」と思いました。「なんくるないさー」という方言は、この境地を言うのだと知りました。そんな沖縄の校長先生方に、小さなミスを指摘してはいけません。私が悪いのです。そんなこんなで、沖縄のファンになったのです。

沖縄に行った目的のひとつは、ネーネーズという女性バンドのライブハウスに行くことでした。このバンドは『黄金の花』などのメジャーヒットもあって、知る人ぞ知るグループなのですが、沖縄では毎日ライブをやっています。ＡＫＢ「会いに行けるアイドル」の元祖ですね。

沖縄に行ったもう一つの理由は、きれいな海を見たかったのです。噂に聞いた古宇利島という島に架かる一九六〇メートルの橋を渡って、そこから白い砂浜と青い海を見たかったのです。古宇利島は、人口四百人足らずの小さな島です。そこに二千メートル級の橋を農道として架けたのです。農道ですから、もちろん無料です。あまりに美しかったので、費用対効果という視点からは敢えて言いません。ただ、沖縄への交付金というのは、やはりすごいんだなあと実感したことは事実です。

ここでは、美しい海のほかに、もうひとつ印象的な光景を目撃しました。この島の中心部に観光用に建てられた立派なタワーがあります。そこで昼食を食べたときの出来事です。そこは屋外にテラスがあって、私はそこにいました。屋内と屋外の間には、大きな窓ガラスを支える鉄の敷居がありました。テラスにいたご婦人が、屋内に入ろうとしたときです。ご婦人のハイヒールがその敷居に引っかかって、次の足が出なかったのです。スローモーションを見るように、ご婦人はゆっくりと倒れました。ドンッという重低音が響きました。少し太目で大柄のご婦人は、また折悪しく窮屈そうなタイトスカート系のワンピースを着ておられました。私は一瞬、前日に見た美ら海水族館のマナティの姿が浮かびました。手もつかずに体ごと倒れ込んだご婦人を心配して、周りが駆け寄ろうとしたときです。ご婦人は何事もなかったかのように、スッと起き上がりながら傍にあったメニューラックからメニューを取って、それをめくりながら自分の席に戻ったのです。それはまるで、あらかじめ予定された一連の行動のように自然でした。駆け寄ろうとした人たちもまた、何事もなかったかのように席に戻りました。

私は美しい海を見に行って、人間の奥深さを見せつけられた思いでした。トイレから戻った愚妻にこの話をすると、ヤツは不謹慎にも爆笑しました。

すみません。皆さんが忙しいときに、こんなどうでもいいことで、大切な皆さんの時間を使いました。でも、どうしてもご報告したかったのです。

（第61号・16年2月9日）

「誰も幸せにならないシステム」

最近、私は意識してこのことばをよく使います。進路主任の渡部先生によりますと、今年ついに宮崎県はセンター試験の平均点が、沖縄県を抜いて（？）九州最下位になったそうです。宮崎県の普通科高校の先生方は、私生活を犠牲にしてこんなにがんばっているのに、どうして報われないのでしょうか。私は、宮崎県の進学指導に「誰も幸せにならないシステム」が深く浸透していて、その検証がなされないままにここまで来てしまったからではないかと考えています。今朝の職朝で、マネジメント委員会の提案が渡部先生からなされました。これからの話し合いの方向性として、幾つか整理しておきたいと思います。

まず、いくつかの社会環境的要因について、指摘したいと思います。以前もお話ししましたが、県外から来た方が驚くことがあるそうです。それは、宮崎県ではどんな小さな町にも立派な総合運動公園などの運動施設があること。大型書店が少ないこと。パチンコ店が多いことです。ここからはスポーツランド宮崎県で晴天の青空の下、家族そろって運動に勤しむ宮崎県民の姿が連想されます。そして、お父さんはパチンコにもよく行きます。一方で、宮崎県では一般的に親が読書に親しむ家庭は多くありません。私は国語の教師として体験的に知っていますが、センター試験の国語で高得点を取る生徒は、ほとんど例外なく小学校卒業までに豊富な読書経験を積んでいます。この読解力は、すべての教科を下支えします。

全国学力学習状況調査で上位の常連は、一位から福井県、秋田県、富山県、石川県です。豪雪地帯です。宮崎県の子どもが、冬でも夏と変わらず外で遊び回っているのと対照的に、かまくらの中で（想像ですが）じっと読書をしたり、囲炉裏を囲んでお婆さんの昔話に耳を傾けたりする姿が浮かびます。学習しやすい自然環境だと思います。

教育社会学者の志水宏吉氏は、「つながり格差」という概念を提起しています。「人々のつながりの豊かなところほど、子どもの平均学力が高い。周囲との良好な人間関係こそが学力を確かなものにする鍵である」という考え方です。高い相関がある数字として、「持ち家率」「離婚率」「不登校率」を挙げています。宮崎県は田舎ですから「つながり」は強そうですが、宮崎県の離婚率はたしか全国上位ではなかったでしょうか。宮崎県の学力を語るときに、所得が低いことに併せて、そのような社会的要因は無視できないと思います。

しかし、私たち現場の人間は教育のプロとして、そういう言い訳を抜きにして目の前の生徒に向き合わなければなりません。私は基本的にこれまでの諸先輩方の様々な実践には敬意を払いつつ、一度疑ってかかるときだと思っています。

宮崎県で課題学習というシステムが、脚光を浴びたのは何十年前になるでしょうか。県西の高校から広まったこのシステムは、生徒を課外や宿題で徹底的に管理するという方法でした。大学に入りたての生徒が教授に、「先生、宿題はないんですか」と聞いた話は有名です。総じて県民所得の低い中で、多くの生徒を国公立大学に送り込む手段としての功績は大いに認められなければなりません。ただ、知識の蓄積が学力として通用した時代には、この方法は有効だったと思いますが、学力観もかわった現在、生徒にとってはたんなる作業になっていないでしょうか。先生にとっても膨大なプリントを作り、印刷し、貴重な空き時間のほとんどを課題提出のチェックに費やしてしまうことは、合理的努力でしょうか。

早朝課外をやれば、出席した生徒も実施する先生も送り出した親も表面的な安心は得られますが、はたしてその労力に見合うだけの成果は収められているでしょうか。今こそ、冷静に検証するときだと思います。先日の高校入試の採点でもお気づきのように、求められる学力は、明らかに変わってきています。私たちも勇気を持って、新しいシステムに踏み出すときだと思います。

（第62号・16年3月10日）

組織の硬直化について

先日タクシーに乗ったら、個人タクシーの運転手さんが、「恐ろしい世の中になったもんですなあ。これじゃ、おちおち施設にも入れませんわ」と話しかけてきました。川崎市の老人ホームで、当直の男性介護職員が三人を転落死させた事件のことを言っているようでした。「本当ですね。でも、外部の人間にはわからん事情もあったかもしれんですね」と私が答えたら、気に入らなかったのか、運転手さんはそれきり黙ってしまいました。

　私は、母が最後の二年間施設と病院を往復して、介護職員や看護師の仕事ぶりをつぶさに見ることが多かったのですが、その労働の過酷さには頭が下がる思いでした。本校の生徒も、そういう職業を希望する者が多くなりました。言語道断の犯行であることは言うまでもありませんが、高い志を持って就いた仕事で、介護すべき老人を自らの手で殺《あや》めるに至るまでに、この男に一体どんなことがあったのか、それが私には気になるのです。

　広島県の府中町立緑ヶ丘中学校で起きた事件が連日報道されています。事件の概要はこうです。一年生の時に万引きで補導された生徒の名前を担当教員が間違って記録したために、その誤記録がそのまま保存され、万引きの嫌疑を掛けられたまま三年になった生徒が、私立の専願推薦を受けられず、自殺したというのです。当時、担当の教員は誤りに気付いて訂正したらしいのですが、原簿まで訂正しなかったために誤った記録が三年まで引き継がれたらしいのです。しかも、それまでは三年次での記録のみを推薦の参考資料にしていたのを、昨年の十月になって急遽一年の記録から参考にすることにしたのだそうです。それを保護者には連絡しなかったというのだから、驚きです。三年生の担任は廊下での立ち話で五回ほど進路相談をし、万引きの事実についても確認し、生徒がそれを明確に否定しなかったので、既定の事実として処理されました。そして、昨年十二月に担任がその旨を両親に伝え、その日に生徒は自殺したと言うのです。

一読して、いくつかの疑問が湧きます。

まじめな少年だったといいます。一年生の時に関係した先生もいたはずなのに、なぜ誰もおかしいと思わなかったのか。私たちの常識で考えれば、職員室の話題で出そうなものですよね。それから、なぜ少年は明確に否定できなかったのか。否定したが聞き入れてもらえなかったのだとしたら、先生でなくてもせめて親や友人には、誤解されて困っている、くらいの相談はできなかったのでしょうか。さらに、なぜ担任は推薦できるかできないかという人生の一大事を、廊下での立ち話で済ませてしまったのでしょうか。

報道されている内容のどこまでが事実かわからないので確かなことは言えませんが、ここには昨年岩手県矢巾町で、いじめで自殺した少年に対する先生や学校の対応と同じ匂いがします。さらにいえば、いじめで我が子が自殺に追いやられたと保護者が訴えている、日本中の多くの事件に共通する匂いです。

冒頭の介護職員の問題にも通底するのですが、この中学校の管理職にしても先生にしても、高い志を持って教職に就いたはずです。担任はまさか自分の指導が生徒を死に追いやることになろうとは、教員になるときには思いもしなかったはずです。

事件の経緯を見ると、たんなるミスというレベルを超えて、一般的な常識では考えられないことが、次々に起こっています。ひとことで言うと、組織の硬直化だと思います。人の痛みを深いところで感じる想像力の欠如だと思います。たんに個人を責めるだけでは解決しない、大きな構造的原因があるのではないかと思ってしまいます。何かが原因で、この学校は人を育む場所ではなくなってしまったのです。多忙化でしょうか。行き過ぎた管理主義でしょうか。待遇でしょうか。いま、日本のあちこちの組織でこんなことが起こっていて、起こるたびに当事者が厳しく糾弾されていますが、私はその根本的な原因のことが気になって仕方がないのです。

（第63号・16年3月14日）

授業はドラマの巻――二〇一六・四～一七・三

いつか見た夕陽の美しさ

黒板にルネッサンスと書く四月

今週から一年生の授業も始まり、これでいよいよ三学年そろって、学校が動き始めました。教室を覗くと、先生も生徒もお互いに少し緊張している微妙な距離感が、微笑ましく感じられます。

掲出の俳句は、二十年くらい前に新聞の投稿欄で一位に選出されていた素人の作品です。強く印象に残ったので、今でも四月になると思い出します。作者は必ずしも世界史の先生ではないかもしれません。四月最初の授業で、「教室にもルネッサンスの精神を！」なんて、高らかに理想を語っている先生の姿が浮かびます。毎年四月にリセットして生まれ変われる先生という仕事は、有り難いと思います。

「教室は劇場、教壇は舞台、先生は役者、授業はドラマ」だと、私はよく言います。あちこちで聞く言葉を寄せ集めた、私の造語です。どこまでがオリジナルでどこからが人の言葉か、もはや今となってはわかりません。

劇場という場の特質は、一回性だということです。同じ先生が同じ教材で授業をしても、その日のコンディションや生徒集団の反応など様々な要素で授業は成立するので、二度と同じ授業はありません。授業は生ものです。だから面白いのです。また、分断された個人ではなく、クラス集団で授業を受ける意味もそこにあるのです。集団でなければ起こらない事件（ドラマ）が、授業には必要です。逆に判で押したようなシナリオ通りの授業だとしたら、それは先生が硬直しているのです。生徒のリアクションを受け止めるセンサーが、錆びついているのです。

教壇に立つ全ての先生は、役者であるべきだと私は思います。素のままの自分を受け入れてもらおうなどという甘い考えでは、プロの教師とはいえません。ましてや、台詞をきちんと覚えずに舞台に上がるなんて、もってのほかです。お芝居を観ていて、ダメな役者はすぐにわかります。手の置き場に困ったり、歩き方がぎこちなかったりします。それは技術の問題ではありません。覚悟の問題です。舞台に立つ覚悟がないまま出てくるから、そういうことになるのです。どこかで照れている自分が、演技に出てしまうのです。覚悟がないから、客と正対できないのです。客の視線を全身で受け止められないのです。

よく先生は世間知らずの代表のようにいわれますが、私はそれでいいと思っています。世知に長けている先生なんて、私が生徒だったらイヤですね。役者でも名優と呼ばれる人は、一般社会では生きにくいだろうと思わせる変わった人が多いものです。先生もそれぐらいでいいと思います。あまり大きな声では言えませんけどね。

大器は晩成す、ともいいます。とくに若い先生方。小賢しく立ち回って、小さな成功を求めてはいけませんよ。たくさん失敗して、学んでくださいね。

ちなみに役者としての私の芸風は、「脱力系で話の面白い、いい人っぽい先生」だったそうです。授業中はフレンドリーないい人だと思っていたのに、廊下ですれ違ったら不機嫌そうで怖かった、と女生徒に言われたことがあります。楽屋に入る前に、うっかり素の自分が出てしまったんですね。

授業はドラマである、と私はよく言います。教科書に書いてあることをただ先生が繰り返すぐらいなら、学校で学ぶ必要はありません。でも、知識を教え込むことは必要です。その知識を使って、どういう思考に到達するのか。知識を教えながらも、その先にある高みを少なくとも先生は見ていなければなりません。その高みに到達するために必要なのが、クラス集団です。クラス集団は、個人を鍛える場です。互いに考えを出し合い、ときには批判し合い、刺激し合いながら協働してある認識に到達する。それが、学校で学ぶことの意味だと思います。そのために、先生は授業を構成する必要があります。知識を順番に並べただけでは、ドラマにはなりません。

「教室は劇場、教壇は舞台、先生は役者、授業はドラマ」。教室のドアをガラッと開けたときが、緞帳が開くときです。では、いってらっしゃい。

（第64号・16年4月20日）

いつか見た夕陽の美しさ

キャリア教育の必要性が、声高に語られるようになりました。そのことに異を唱える気持ちはありませんが、もし私が今の高校生だったらどう受けとめただろう、とは思います。

私は文学部に進みましたが、本が好きだったということと、数学のない世界に逃げたかったということ以外に積極的な理由はありません。将来の選択肢の一つに学校の先生はありましたが、何が何でも、ということでもありませんでした。

「高校三年生にもなって、まだ将来の目標が決まらないのか」と詰め寄られて、自分を責めている生徒がいたら、「そんなに悩まなくても大丈夫だよ。人生なんて、意外となんとかなるもんだよ」と、ポンと肩を叩いてやりたくなります。何の根拠があってと言われそうですが、こういうある種の無責任さも大人には必要な気がします。

そういえば、私の教え子で大学卒業後に中南米に海外青年協力隊員として派遣された男がいました。これから出発というときに学校にあいさつに来たので、「そもそも、お前はなんでそんなところに行こうという気になったんだ？」と聞いたら、「先生が授業時間にパンフレットを持って来て、こんな生き方もあるんだ、と紹介したじゃないですか」と言われました。

私はすっかり忘れていました。でも、だから先生は滅多なことを言ってはいけない、とは思いません。生徒に語ったときは、私の中に語らずにはいられない必然性があったのです。きっと。話が逸れました。大学では、三年生で教育実習に出かけました。教育学部ではないので、実習に向かう心構えについてあまり教えられた記憶はありません。いえ、きっとそれなりのことは指導されたと思うのですが、私は人生でバカのピークを迎えつつあったので、頭に入っていなかったのです。教育実習生の事前打ち合わせ会のために、夜行列車で帰省した私は、少し迷ってそのままグリーンのカラージーンズ（なんて趣味だ！）と、少し派手目のポロシャツで母校に行きました。打ち合わせ会はすぐに終わると思ったのです。ところが、幾つかの会があって、担当の先生や校長先生にもあいさつをさせられ、半日ほど校内曳き回しの刑に処せられました。私以外は皆スーツでした。まるで、先日の歓迎会にジーパンで来た中原先生状態です。帰りに教務主任の先生が、「段、実習本番はぴしゃっとした格好で来いね」と、私の耳元で言われました。

実習が始まりました。私は母校の気安さもあって、自習を見つけると授業に行かないクラスでも、可能な限りもらうことにしていました。そこで、小説の話や大学生活の話などをしました。あるとき、たまたま行ったクラスで、太宰かなんかの一節を朗読しました。「ちょっと暗い話だったかな。ごめんね」と私が顔を挙げると、生徒の視線が、じっと私に釘付けになっていたのです。驚きました。言葉の力を実感した瞬間でした。

私が下宿の狭く暗い部屋で、夜遅くまで孤独感にさいなまれながら学んだ知識が、こうやって人の心に届くんだ、と思いました。先生って面白そうだと思いました。それから、大学で学ぶ意味が変わりました。私が学んだことを待っている生徒がいる、という気持ちになったのです。高校生の頃、勉強や学校に不信感を持っていた私は、大学で初めて学問の面白さを体験しました。その面白さをまだ見ぬ生徒たちに伝えたいと思いました。

私たちは、美しい夕陽を見ると、そばにいる人に、「見て、見て！」と必ず声をかけます。この感動は自分だけのものにしとこう、とは決して思いません。先生が教えるという行為は、そういうことだと思います。私たちが体験した学問の面白さや醍醐味を、感動を持って「見て、見て！」と、学問の後輩である生徒に伝えずにはいられない。

先生と生徒は上下の関係ではなく、同じ学問の方を見上げている先輩と後輩の関係である、と思います。ですから、先生の顔は学問の先輩として、学問をする喜びにあふれていなければならない、と思うのです。

（第65号・16年4月26日）

先生の服装

五月から十月までのクールビズが始まりました。私が教師になった頃から考えると、隔世の感があります。当時は、真夏でもエアコンのない教室で、ネクタイは当たり前という感覚でした。そんな時代なのに、初任一年目の秋口から私はアディダスのウインドブレーカーを着て授業をしていました。当時、親身になって面倒をみてくださった同じ国語科の瀬戸先生という方から、「ダンちゃん、そんウインドブレーカーはどうかならんね」と言われました。私は、服装と授業は関係ないと思っていたので、いくらお世話になっている先生の忠告でも聞きませんでした。かわいがってもらった教頭先生からも同じことを言われましたが、その忠告も聞きませんでした。

すると、しばらくして今度は校長室に呼ばれました。つまり、校長が間接的にやんわりと指導していたのですね。それでも聞かないというので、呼び出されたのでした。当時は、新米教師が校長と直に話すということさえほとんどない時代でした。

この校長は後藤先生という方で、大宮の校長を長い間務められて、それから県の教育長に転出されました。最後の大物校長と呼ばれた方でした。「先日からいろんな先生を通じて、君のそのジャンパーを指導しているんだが、君は聞かんらしいじゃないか」と言われました。私は緊張しながらも、それまでと同じことを繰り返しました。「私は、教壇というのは公的な場だと思っている。君はその格好で結婚式に出るかね」というようなことも言われました。私は私なりの屁理屈を返しました。その日の午後にちょうど職員会議があったので、私は抗議の意味も込めて、そのウインドブレーカーを着て最前列の校長の前の席に座りました（はぁー、バカも極まれりですね）。それからも半ば意地になって、ウインドブレーカーを着続けました。この年でこの立場になって思い返すと、いろいろ考えることはあります。ただ、今になって後藤校長が偉かったと思うのは、こんな大バカ者に対して、人事面で特に不公平な扱いをなさらなかったことでした。

哲学者の鷲田清一が、学校にジャージで通勤する先生を批判した文章（「ジャージという制服こそ脱ぐべき」ちくま学芸文庫『普通をだれも教えてくれない』所収）で、学校の制服というのは、一種の修行服であると述べています。その一方で、他に禁欲を強いる職業に就いている人は、自らの服装もそれにふさわしいものであるべきだとして、その例に刑務官を挙げています。おそらく、学校の先生もそういう部類に入るのでしょう。なるほど、そういう考え方もあるのかと興味深く読んだのは、随分後になってからのことでした。

以前、『奇跡の教室』という本を紹介したときに書きましたが、宮崎県の伝説的な国語教師であった橋口巳俊先生は、毎日ジャンパー姿だったそうです。ただ、そのジャンパーも一張羅ではなくて、式典用などＴＰＯによって着替えておられたそうです。

先日の文脈の続きでいうと、私は先生の服装は舞台衣装だと考えています。それぞれの役どころや芸風によって、舞台衣装は変わります。予備校の先生を想起すれば、よくわかります。昔、一世を風靡した金ピカ先生という人がいましたが、ジーパンの先生、ヒゲを蓄えた先生、ロン毛の先生など、毎年厳しい査定にさらされる彼らは、いかにして自分の商品価値を高めるかについて、非常に敏感です。もし彼らがだらしない格好に見えるとしたら、それも巧みに計算されたキャラ作りであるはずです。そう考えると、橋口先生は国語の職人として、鋭敏に自分の舞台衣装を選んでおられたのだということに気付きます。

さて、先生方の舞台衣装はなんでしょうか。どうぞ、ご自身の責任において考えてみてください。と、ここまで書いて、私は若いときの自身の誤りに気付きました。それは芸あってこその衣装なのに、たいした芸もないくせにいっぱしの口を利いて、舞台衣装にこだわっていたことです。申し訳なかったなあと、今頃気付いても遅いんですが。

（第66号・16年5月9日）

伯楽という仕事

教師の仕事について書こうと思います。いきおい自慢話みたいに聞こえるかもしれません。そのときは、年寄りは仕方ないなあ、と許してください。

以前、工業高校で二年生の元気のいいクラスの担任をしたときの話です。サボりが常習化しているクラスだったので、クラス開きの日に無断欠席した者は必ずその日のうちに家庭訪問をする、と宣言しました。四月も終わる頃、最初に無断欠席したのがYでした。

放課後に家を訪ねましたが、誰もいません。自転車がなかったので、どこかに出かけたんだろうと思って待っていると、Yが田んぼの畦道を自転車で帰ってきました。カゴには少年ジャンプが入っていました。その日は発売日だったのです。次の日の学級通信の見出しは、「Y少年、保護！」でした。

ある日、授業中に机間指導をしていると、Yがノートに落書きをしていました。ドラえもんが居間で横になって、タバコを吸いながらテレビを観ているというシュールな絵でした。絵も漫画チックではなくて、リアルなドラえもんなのです。

「これは、お前が描いたのか?」「うん」「なんか見たのか?」「うんにゃ」すごいな、と思いました。非凡なものを感じました。「お前は絵が好きなのか」「うん」Yはひょろりとした長身で、茫洋とした雰囲気の少年でした。

放課後に呼んで、話を聞きました。ご両親とも学校の先生で、姉が二人いていずれも勉強ができて、優秀な大学に在籍していました。小さな田舎町で育ったYは小学校からことあるごとにお姉さんと比較されて、自分はバカだと本気でずっと思っていたそうです。

「絵が好きなのか」と聞くと、「うん」と言います。でも、学校には美術部がありません。当時、夏休みになると高校の美術部員を対象としたデッサン講習会が、宮崎女子高校（現宮崎学園）で開催されていました。私が引率してやりたかったのですが、演劇講習会と重なっていました。「ひとりで大丈夫か」と聞くと、「うん」と言います。私は、高文連の会議で少しだけ面識があった河辺一周先生に電話で事情を話して、こういう少年がひとりで行くから、とお願いしました。

講習会当日、昼休みの時間を縫って、女子校に行ってみました。生徒は銘々の学校で寄り集まってお昼ご飯を食べていましたが、Yが見当たりません。幾つかの教室を回ると、石膏の人物像が置いてある教室の片隅で、黙々とデッサンをしていました。「昼ご飯を食べたのか」と聞くと、「うんにゃ」と言います。私はいじらしくなって、近所の店からパンを買ってきて食わせました。

二日目が終わった夜に、電話をしました。まず、二日間ちゃんと通ったかが心配でした。「行ったよ。最後に表彰式があって、二位に入って、なんかへんげな筆入れをもろた」。それから、毎週土曜日は日南から宮崎まで二年間、河辺先生の塾に通いました。県美展でも入賞するほどになりました。私立の美大に進学することになったとき、「まさかこの子が大学に行くことになるなんて、夢にも思いませんでした」と言われたお母さんの言葉は、今も忘れません。

それから、十年くらい経った頃、Yが宮崎市の勤務校に突然尋ねてきたことがありました。自分の作品が大手自動車の宣伝イラストに採用されて、週刊誌に大きく載ったので、それを見せに来たのでした。茫洋とした少年は、立派な青年になっていました。

学校の先生を長くしていると、こんな出会いは誰でもあります。何十人、何百人の中から、それぞれに光る才能や適性を見いだして、声を掛ける。〇〇大会に出て見ないか？　〇〇大学に行ってみないか？　才能とまではいかなくても、光るところを少し褒めてあげる。君ならきっとできるよ。そんな先生のひと言に救われる生徒が、どれだけいるでしょうか。ただ、先生が自分を見ていてくれたというだけで、どれほど救われる生徒がいるでしょうか。それも大事な先生の仕事だと思います。

（第67号・16年5月24日）

新たな教育装置としての文化祭

校長室前の廊下を毎日黙々と掃除してくれるカルタ部の男子生徒がいます。その子に、「この前の大会は残念やったね」と話しかけたら、「いえ、僕はただ見ていただけですから」と答えました。選手として試合に出られなかった彼は、自分の立場を謙遜したのでした。「あんね、試合には出なくても、いつも見ている人がいてくれるというのが、チームには大事なんだよ」と私は言いました。これはたんなる慰めではありません。私の実感から出た言葉です。

私は長らく演劇部の顧問をしていました。劇作りの要となるのは演出です。その演出を指名するときに、私の中ではひとつの基準がありました。それは、練習を休まない部員の中から選ぶということでした。大人の世界でもそうですが、肝腎なときにいない人がいますよね。「えっ、またあん人はおらんと？」って。こんなことが二度続くと人は信頼をなくしてしまいます。

もの静かで、特に目立って何かをするというのではないけれど、いつも必ずそこにいる。その安心感、安定感。チームの要になる人は、そんな人じゃなければ人がついていかないのです。私は演出には絶対の権限を与えていたので、指示を出すときにも部員がいる前で言うのではなく、演出を呼んで、それが演出自身のアイデアであるかのように部員に伝わるようにしました。話し合いや多数決で決められない微妙な感覚の表現世界である演劇では、最後は演出の考えに従うというルールが必要です。そのためにも、演出は信頼される人間でなければなりません。

かつて普通科高校においては、文化祭や体育祭を受験勉強を阻害するお荷物のように扱う時代がありました。しかし、新しい学力観の下でその意味合いが変わってきたように思います。思考力、判断力、表現力、主体性、多様性理解、協働性、そういったものを養っていなければ太刀打ちできない試験が、これから始まります。

最近、タイトルに惹かれて劇作家の平田オリザさんの『下り坂をそろそろと下る』(講談社現代新書)という本を読みました。そこに、平田さんが関わった大阪大学大学院の試験のことが書いてあります。書類審査、面接を経て最終試験で四十名からさらに二十名に絞り込む際の試験です。それは二日間の宿泊合宿形式で、八人のグループで創作劇を作っていくという試験です。もちろん、演劇科ではありません。各グループには二名の試験官が張り付いて、その過程をつぶさに評価します。集団活動において問題を発見し、共有し、検討し、優先順位をつけて処理する能力などが評価されます。そして、平田さんはこう書きます。

「さらに、私たちが本当に見たいのは、たとえば疲れていても他人にやさしくなれるか、自分と価値観の異なった意見に耳を傾けることができるかといった寛容さや知的体力。またあるときは地道な作業にも献身的に参加し、あるときは局面打開のために創造性豊かな発言を行うといった柔軟性。様々な欲求、要望がぶつかる中で、どうにか折り合いをつけていくという合意形成能力」。これらの能力が、新しい学力観として求められているのです。

ネット環境が充実して、家にいて世界中の大学の授業が受けられる時代になりました。予備校だっていながらにして、超一流と呼ばれる人たちの講義を聞ける時代です。そんな時代に、なぜわざわざ学校まで出てきて勉強する必要があるのか。

集団がひとつの方向性を求めて模索すると、必ず人間関係のトラブルが起こります。陰口、ねたみ、造反。女子のリーダーが、「もう私これ以上無理です」と担任に泣きついてきたりします。やれやれと、担任が仲裁に入る。そして、感動のクライマックス。これはとてもよくできた、新しい学力を身につけるためのプログラムだと言えます。集団は個人を鍛える場なのです。

文化祭を目前に控えて、いま彼らが打ち込んでいることは、実はいろんな意味で最も大切なことかもしれません。それに毎日付き合う先生方は、本当に大変だとは思いますが。

（第68号・16年6月9日）

授業を支えるもの

先週の金曜日、県数教の大会が恒富中学校で開催されました。そこで高校の部の授業を松永先生と一年五組が公開するというので、参観に行きました。ちなみに、県数教という組織は教科研究部会ですが、それを小中高が一体となって運営しているという点で大変珍しく、また意義深い組織だと思います。高校で預かった生徒が、小中学校でどのような指導を受けてきたのか把握しておくことは大事です。国語の口語文法から文語文法への引き継ぎとか、英語のブロック体と筆記体の指導なども、この受け渡しがしっかりしておればスムーズにいくのではないでしょうか。

さて、松永先生の授業ですが、これがしみじみといい授業でした。数学の授業を形容するのに、「しみじみ」はおかしいですね。国語教師の私に内容はわからないのです。でも、生徒が松永先生のためにいい授業にしようと、懸命になっていることはひしひしと伝わってきました。大勢の授業参観者にぐるりと囲まれた緊張のなかで、松永先生を見つめる生徒の視線のけなげさが、しみじみなのです（あとで数学の田平教頭に聞いたら、内容的にも素晴らしかったそうです）。

いい授業というのは、お芝居と一緒で先生の努力だけでは成立しません。入学して三カ月を一緒に過ごし、あの萌樹祭の合唱練習をくぐり抜けてきたという信頼関係があって、この日の研究授業があるのだと思いました。

哲学者の内田樹が、こんなことを言っています。

《なぜ、自動車教習所の先生は、自動車の運転というきわめて有用性の高い技術と交通法規という価値ある情報を伝授してくれたにもかかわらず、卒業後、生徒たちは集まって同窓会をしたり、先生の古希のお祝いをしたりということをしないのか。》（『内田樹による内田樹』ミシマ社刊）

みなさんはどうでしょう。今も自動車学校の先生と年賀状のやりとりをしている、という方がいらっしゃいますか。ここに、学校の先生という仕事の特殊性があります。近い将来、ＡＩ（人工知能）が完璧な教育ソフトになって、もしかしたら生身の先生よりうまく教える時代が来るかもしれません。それでも人は、ＡＩを囲んで同窓会はしないと思います。いえ、思いますではなくて、絶対にしません。

学ぶというのは、たんに知識や思考法の伝達に終始しているように見えながら、実はその根底に、信頼や敬意を必要としています。不思議ですね。私たちは、軽蔑する人からは真に学ぶことはできません。

生徒はよく先生の悪口を言います。生徒同士だったり、親だったり、ときには塾の先生にさえも。それは、なぜか。生徒が先生を批判するとき、それはどうして先生のことを好きにさせてくれないのかと、訴えているのだと思います。本当は先生のことを好きになりたいのに、そうさせてくれない先生に不満を述べているのです。

たしか『惜しみなく愛は奪う』という作品だったと思いますが、作家の有島武郎が愛の反対語は憎悪ではなくて、愛さないということ、関心を示さないことだ、というようなことを言っています。先生に多大な関心があるからこそ、生徒は悪口も言うのです。そう思えば、悪口さえも有り難くなってきませんか。

でもそうなると、私はそんなに立派な人間じゃないから、生徒からの敬意なんてとてもとても、と思いたくなりますね。先ほどの文章に続けて、内田さんはこう言います。

《子供たちからの教師への敬意は、教師が伝える知識や技術の有用性や換金価値に相関するのではない。そうではなくて、教師がたとえ自分は実現できなくても、目指している境地の高さ、

目標の遠さが生徒たちのうちに敬意を醸成するのだ。》

ここで言う「境地」「目標」とは、もっと教科指導を究めたいとか、もっといい先生になりたいとか、生徒の夢を実現させてやりたいとか、そういうことだと思います。そもそもはそんなに立派でないかもしれない先生が、生徒のためを思って頑張るところに教育の至高性があるのだと思います。

（第69号・16年6月27日）

過剰制裁の時代に

再び、義務としての休暇

私は教員になってからも、ずっと学生気分が抜けずにいました。そもそも、自分が毎日していることが仕事だとは思えなかったのです。だからお前はダメなんだ、と言われそうですが。授業は、国語というオモチャで生徒と遊んでいる気分でした。もちろん、授業がうまくいかなかったり、トラブルを抱え込んだり、大変なこともありましたが、でもそれが仕事だからやらなくてはならない、という悲壮感はありませんでした。

学生気分が抜けなかったもう一つの理由は、夏休みがあったからだと思います。七月の期末試験が終わる頃から、今年の夏は何をしようかと、楽しみでドキドキしていました。実は、それは今も変わりません。校長がそんなことでいいのか！　と怒らないでくださいね。

二十代の独身時代、夏休みに学生時代からの友人三人で十日間かけて、友人のカローラで青森県の太宰治の生家まで行ったことがありました。十和田湖から八幡平の酸ケ湯温泉に至る雄大な眺望と涼やかな風のことは、未だに忘れません。金がないので安宿に泊まって、誰かが勝ったらその金で夜の街に繰り出そうと、それぞれ千円ずつ軍資金を握ってパチンコに出かけたのは、東北の名も知らない街でした。愚かしくも楽しい思い出です。

三十代前半に勤務した工業高校は、夏休みに生徒登校日が一日もないという牧歌的な学校でした。その頃もう結婚していましたが、夏休みを使って三十三日間の中国放浪の旅をしました。今から三十年前の中国は驚くほど貧しくて、それでも人々は近代化の坂道を駆け上がろうとする活気に溢れていて、素朴で友好的で、一生忘れられない旅となりました。夏休みが明けて、生徒にそんな旅の話をしてやると、普段は眠りかぶっている生徒も目を輝かせて聞いたものです。

生徒は先生の口からいろんな話を聞くのが好きですね。映画や本でも、先生が話してくれるととても面白く感じてしまうもののようです。お前は国語の教師なんだから、国語のことだけしゃべっておればよろしい、と考える向きもあるかもしれません。でも、学校の先生っていう仕事は、教科指導だけで成り立っているわけではなく、先生の存在全体で先生だと思うのです。

教頭になって、夏休みが途端につまらなくなりました。それまでは、夏休みは仕事が終わるとさっさと年休を取って帰っていたのですが、五時まで店番をしなければなりません。

県南の高校で教頭をしていた時のことです。私の前に座っていた講師の先生が、夏季課外期間が終わって、職員室が閑散としてきても毎日朝から五時までいるのです。私は仕方ないとしても、彼がいる理由が私にはわかりません。ある日、「あんたなんで毎日来るとね。来ても何もないがね」と聞きました。「はあ」。特に理由はないのだそうです。「毎日、そうやってそこに座っておれば、いい先生になれると思ったら大きな間違いよ。どっか旅行に行くとか、夏休みにしかできんことをして先生としての引き出しを作らんね」と私は言いました。彼にしてみれば、言いがかりをつけられたも同然だったかもしれません。

近い将来高校現場を去りゆく者として、私には焦りのようなものがあります。いまの先生たちはみんな真面目で優秀ですが、あんまりあちこちから叩かれるものだから、当たり障りがなくて、屁も臭くない先生ばかりになってしまうんじゃないだろうか（すみません。屁は臭くない方がいいですね）。少しぐらい欠点はあっても、生徒が「先生に出会えてよかったです」と言ってくれる先生が、だんだん少なくなっていくんじゃないだろうか、という焦りです。

車のハンドルやブレーキには、少しだけスカスカする部分があります。これを「あそび」と言いますね。言い得て妙だなと思います。生徒の反応を余裕を持って受け止めたり、その言動から人生の味わいを感じさせたりするあそびが、先生にも必要だと思います。だから、どうか先生方、夏休みにきちんとあそんでくださいね。

（第70号・16年7月19日）

過剰制裁の時代に

高名な女優の息子で、本人も新進気鋭の役者だった男が、強姦致傷という事件を起こして逮捕されたニュースが、連日盛んに流れています。男は二十二歳だといいます。二十二歳の大人の犯罪について、母親をさも当然の義務であるかのように衆目の面前に引っ張り出すことに、マスコミは何の疑問も持っていないようです。有名税と言ってしまえばそれまでですが、母親が出演していたテレビCMまで放送を中止するに至っては、いきすぎた制裁と言わざるをえません。

人類の進歩とはなにかというときに、「個人に責任のないことについて、責任を問われない」という原理があります。国籍・人種・門地・宗教などは個人の責任ではありません。ですから、就職試験などでは絶対に聞いてはいけないことになっています。最近は、尊敬する人や愛読書まで聞いてはいけないらしく、その個人を理解する上では過剰反応ではないかと思ったりもしますが、ことほどさように人権は尊重されるべきものだと言われれば、なるほどと引っ込まざるを得ません。そこまで人権に配慮するご時世なのに、なぜこういうときには平気で親を引っ張り出すのか。私は、不思議で仕方がありません。つい先日の参議院議員選挙では、十八歳に初めて選挙権が与えられるというので、十八歳からの主権者教育の必要性について旗振り役を務めたのがマスコミでした。この矛盾に彼らは気付いているのでしょうか。

私の教え子で、イギリス人男性と結婚してイギリスに住んでいる五十代の女性がいます。ビザの書き換えの都合だったか、何年かに一度帰国するたびに夫婦で遊びに来ます。ダンナは、イギリスで学校関係に勤めています。日本語を聞くことはできますが、話すことはできません。正月には和服で我が家に来ます。歌舞伎が大好きで、ロンドンの公演で見た市川海老蔵がとても美しかったというような話をしてくれます。

ちょうど、長崎県で凶悪な事件が起こったときだったと思いますが、犯人の在籍していた学校の校長がテレビカメラの前で謝罪したという話を聞いて、「Never happen!」と、驚いていました。「イギリスでは、犯人が未成年であれば保護者の責任だし、成人していれば本人の責任だ。学校で起こった事件でもないのに、どうして校長が謝るのだ。イギリスではあり得ないことだ」というのが、彼の言い分です。「それが日本の慣習なんだよ」と私は言いました。「おかしいとは思うけど、そうしなければ大変なことになるんだ」。

この事件だったか定かではありませんが、校外で起こった事件について、記者会見で学校の責任を明確に否定した校長が、翌年の人事で更迭されたという記事を読んだことがあります。

話が少し飛びますが、近代国家には罪刑法定主義という考え方があります。どういう犯罪には、どういう刑罰が用意されているると、あらかじめ定められています。立ち小便をして、たまたま裁判官の虫の居所が悪かったから死刑！ということは、近代国家ではありませんね。

今年に入って、週刊文春の「活躍」もあって、次々に有名人が血祭りに上がっていますが、なかにはあきらかに過剰制裁だと思われる事例があったように思います。その背景には、自分よりいい思いをしている人が叩かれるのを見て、溜飲を下げている庶民の支持があるのだと思います。

そもそも、情報番組が多すぎますね。朝の六時前から各局が朝番組を始めて、八時からまた似たような番組が始まります。十二時からまたしばらく続いて、終わったと思ったら二時台のミヤネヤみたいなのが始まって、五時から七時まで情報番組。それから夜のニュース。こうやって一日中井戸端会議レベルの情報を垂れ流ししているのが、今の日本のテレビマスコミです。

巨悪を眠らせない、というのは東京地検特捜部の精神でしたが、そこまでは求めなくても、マスコミの本来の仕事はこんなことだったのかなと、寂しい思いがします。せめて、自分だけはその片棒をかつぐことだけはしたくないなと思います。

（第71号・16年8月26日）

寅さんのこと

文化の秋ですね。少し、それらしい話を。

先日、東京出張で会議が早く終わったので、以前から一度行ってみたかった葛飾柴又に足を伸ばしてみました。言わずと知れた『男はつらいよ』で有名な葛飾柴又です。二十年くらい前に友人と一度トライしたことがあって、そのときは浅草行きの銀座線に乗りました。浅草に行き着いて、田舎者二人は期せずして同じ言葉を発しました。「葛飾柴又と浅草は違うのか！」。帝釈天と浅草寺を混同していたのです。

じゃ、そんなに寅さんが好きなのかと聞かれれば、実は私は寅さんが少し苦手です。あちこち放浪してたまに帰って来たかと思えば、妹のさくら夫婦やおいちゃん夫婦を巻き込んで、わがまま放題して怒って飛び出していく。いくらなんでも身勝手にもほどがあるだろうと、若い頃の私は思っていました。でも、ずっと気にはなっていたのです。

葛飾柴又は風情のある静かな下町で、小さな町の行き止まりに江戸川の堤防があって、演歌で有名な矢切の渡しがありました。堤防をしばらく歩いて、帰りに寅さん記念館と山田洋次ミュージアムに寄りました。山田洋次という監督は、漫画家の横山光輝と並んでもっと評価されるべき人だと、常々私は思っています。

突然、横山光輝などと言われても若い先生はご存じないでしょうが、私の少年時代は『伊賀の影丸』という忍術漫画が人気を博しました。『魔法使いサリー』や『鉄人二十八号』で一世を風靡した後、中国歴史漫画の『三国志』や『水滸伝』で新境地を開きました。端正で叙情性溢れるタッチの画が印象的で、妖術や超能力などの表現にも優れていました。最期は火事で焼け死ぬという悲惨な死に方だったと記憶しますが、その扱いも非常に小さくて、同時期に活躍した手塚治虫と比較するとあまりに評価が低すぎるように思います。

話が逸れましたね。山田洋次も日本を代表する最も偉大な映画監督のひとりだと思うのですが、小津安二郎や黒澤明とか北野武などと比較して、評価が低すぎるように思います。思うに、多作であること、まだ存命中であること、喜劇作品が多いことなどがその理由なんでしょうか。驚かされるのは、もう随分な老境だと思うのですが、その旺盛な創作力が衰えを見せないことです。『家族』『同胞』『遙かなる山の呼び声』『幸せの黄色いハンカチ』『息子』『学校』『たそがれ清兵衛』『東京家族』など、心に残る映画は枚挙にいとまがありません。その山田監督のライフワークとも言うべき作品が、『男はつらいよ』で、全四十八作（特別編一作）あります。含羞の名優渥美清の死によって、すでにシリーズは終わりました。毎年、盆と正月に公開されていたのですが、当時は併映（抱き合わせ）が一般的で、寅さんと必ずもう一本の二本立てという時代でした。

寅さんの仕事はテキ屋です。寅さんは決して新幹線には乗りません。新幹線のホームに立つ寅さんは想像できません。寅さんの舞台は、地方の田舎町です。たしか日南市が舞台になったこともありました。毎回魅力的なマドンナが登場しますが、寅さんの恋は成就しません。いつも、片思いで終わります。ときどきうまくいきそうになることもありますが、なぜか寅さんの方から身を引くのです。寅さんの名場面で忘れられないのは、役所で「あなたの声をお聞かせください」というご意見箱に向かって、寅さんが「あー、あー」と話しかけている場面です。

その寅さん記念館は、昭和の香りがして、映画のセットも再現してあって、とてもよくできた記念館でした。入り口のもぎりも地元のボランティアみたいな人たちでした。町を挙げて寅さんを大切にしていることが伝わってきました。

私もこの年になって、寅さんの一見身勝手なやさしさの正体や、不器用にしか生きられない人間の哀しさのようなものが、少しわかってきたような気がします。退職して時間ができたら、一作目からひとつずつ丁寧に観てみようかな、と思いつつ記念館を後にしました。

（第72号・16年9月23日）

舟に刻みて剣を求む

最近、生徒指導主事の齊賀先生と長時間にわたって校長室で話し込む事案が幾つか出てきて、きっと齊賀先生は夢にまで私が現れて、目覚めの悪い日々を送っているのではないかと、申し訳なく思っています。

そのひとつが、通学時にスマホを持っていないと、緊急に家庭との連絡が必要なときに困るので許可してほしい、という要望への対応でした。もちろんそれは遠距離通学生が主で、なかでもバス通でバス停から家までの距離が遠いとか、最寄りに公衆電話がないとか、特殊な事情の生徒です。生徒指導部で二度話し合った結果、特例は認められないという結論に至ったとの報告を受けました。私は、その結論は校長として受け入れられないから、もう一度話し合ってほしいとお願いしました。そういう結論になった事情も聞きました。

一、県高P連が、スマホの学校持ち込みを禁止するという流れで決議文を出していて、他校もそのようにしている中で、本校だけが特例であるにしろ許可するのは、ルール違反に荷担することになること。

二、スマホを買い与えないで頑張っている保護者がいる中で、いかに特例とは言え、学校が許可することはスマホを持つ流れを助長することになること。

三、経済的な理由でスマホを持てない生徒に肩身の狭い思いをさせること。

四、一部の生徒に許可すると、雪崩を打って希望する者が増え、歯止めがきかなくなること。

五、許可する生徒としない生徒の線引きが微妙で、明確な判断が難しいこと。

ひとつひとつがもっともですが、それでも私がもし外部の人間としてこの理由と結論を聞いたら、学校というのは真面目すぎて硬直した組織だなあ、と思ったでしょう。人は真面目過ぎて、誠実過ぎて誤った判断をしてしまうことがあるのだと思います。もし、学校にスマホの所持を認められなかった生徒が、事件に遭遇して取り返しの付かないことになったとしたら、その生徒と家族になんと言って詫びたらいいのか。私はそのような判断をした人間として、一生悔やみきれない思いを抱き続けなければならないと思います。世の中には、運が悪かったとか、仕方がなかったとしか言いようがないことも間々あります。でも、この場合はそうではありません。打つ手はあったのに、打たなかったのです。

スマホもそろそろ遠ざける時期から適切な付き合い方を教えるべき時に来ていると思います。高校を卒業してすぐの女子大生が、スマホの出会い系で知り合った見ず知らずの男と会って、殺害された痛ましい事件もありました。一方で、授業中の調べ物学習でスマホを使っているという福岡県の高校の報告が、先日の九州校長会でありました。本校が宮崎県のスマホ利用の先陣を切ることはありませんが、最低限の利用については許容してもいいのでは、と私は思います。許可の判断に悩ましい事例があるなら、その都度みんなで悩むべきだと思います。申し出た生徒と保護者は、もっと大変な思いをしていると思うからです。

中国の春秋時代に、「舟に刻みて剣を求む」という故事があります。長江を舟で渡っていた男が話に夢中になり、誤って大切な剣を水中に落としてしまいます。すると男は、腰の小刀を抜いて、心配する相客の視線のなかで、剣が落ちた船端に傷をつけて、「剣が落ちた処に目印を付けておいたから、もう大丈夫だ」と言うのです。やがて、舟が向こう岸に着くと、男は早速傷を付けたところから川に飛び込んで剣を探しました。作者はこう言います。「舟は已に行けり。しかるに剣は行かず。剣を求むることかくのごときは、また惑ひならずや」

この故事は、状況や環境は変わっているのに、その変化に気付かずにいつまでも旧来の手法に頼って、融通が利かないことの喩えとして使われます。教育の理念を語るときに、よく不易と流行と言いますが、何を変えて何を変えないか、判断を誤らないことが大切だと思います。

（第73号・16年10月11日）

先生の佇まい

先日の授業研修お疲れ様でした。田平教頭先生から詳しく報告を受けました。「上位を伸ばす学習指導の研究」というテーマについての研修でしたが、教頭先生のお話を聞きながら、私はクリエイターの佐藤雅彦さんが書いた文章（『毎月新聞』毎日新聞社刊）を思い出していました。

それは佐藤さんが高校時代に出会った二人の全く違うタイプの先生についての回想です。

一人は大学を卒業したての「個性」とか「自由」とかを頻繁に口にする若い英語の先生で、突然授業中に生徒を公園に連れ出して、「さあ、みんなは自由だ。こんな天気のいい日になにも教室で勉強しなくたっていいじゃないか」と言い出すような先生です。高校生ながら、佐藤さんはこの若い熱血教師に底の浅さのようなものをうすうす感じ取って、「こんな自由ならいらない」と思ったそうです。もう一人は、毎日黙々とひたすら黒板に向かって演習問題を解く、地味で厳格な数学の教師です。数学をたんなる数のややこしい計算としか考えていなかった佐藤さんは、自分の成績の悪さを棚に上げて数学を軽視していたのだそうです。ところが、この教師の口から、学期に二、三度「いやー、これはきれいな解き方ですね、誰ですか、これを解いたのは」という言葉が出るのです。

「このきれいですねー、という心からの言葉は、義務としての数学から僕を自由にしてくれた」

と佐藤さんは言います。そしてその後、それまでの数学嫌いから数学科に進むかどうかを迷うくらいの数学好きになってしまった、と回想します。

先生が何気なく教壇でぽつりとこぼしたひと言が、生徒の人生を変えることがあるのです。先生の感化力というのは、こういうことだと思います。

先生の口から出る言葉がどれほどのものなのか、能力の高い生徒ほど敏感です。上位者を伸ばすというときに、まず私たちは指導法とか授業のあり方とか、そういうことを考えます。もちろんそれは大前提ですが、それとは別に、「先生の佇まい」ということが大切だと思います。

私たちは人から先生と呼ばれる職業ですが、特に人格が高潔であったから先生になったわけではありません。生徒との心の触れあいを求めて、または生徒に学問の面白さを伝えたくて先生という道を選んだのです。また、私たちはとても優秀であったから先生になったわけでもありません。本当に優秀な人は、多分違うところに行っているだろうと思います。そんなに優秀ではないけれど、どうすればもっとうまく教えられるだろうとか、どうすればあの生徒の力になってあげられるかということには、愚直に寝食を忘れるほどの思いがあります。

教え教わるというのは、全人格的な行為です。そういう私たちの生き方が、いつの間にか「先生」という人格をかたちづくり、それぞれの先生の佇まいとなり、生徒になんらかの影響を与えるのだと思います。先日の職朝で、「先生方、あまり小粒になってはいけませんよ」と、自分の小粒を棚に上げて私が呼びかけたのも同じ意味です。先生がひとりの人間として、きちんと揺るぎない生き方をしていること、またはそのように努力していることが、大切だと思います。
それは、鷲田清一のことばで言うなら「雰囲気のある先生」ということになりますが、私たちが教壇でポツリと漏らしたひと言を、生徒が家まで持ち帰って考える、そういう師弟関係の中から「優秀」な人材は育つのだと思います。

（第74号・16年10月17日）

「つまらない」と言う勇気

昨日の演劇鑑賞会を観て、先生方はどんな感想をお持ちになったでしょうか。私は、親しい友人のいる劇団でしたし熱演した団員には申し訳ないのですが、あまり面白くありませんでした。なぜ面白くなかったか、考えてみました。理由は二つあると思いました。

一つは、主人公の人間像が私の中で立ち上がってこないのです。貧しくて読み書きもできない少女ジャンヌ・ダルクが、愛する国のために立ち上がったという話でした。でも、どんな生活をしていて、どんな思いで立ち上がったのか、全然見えてこないのです。そして、最後は教会の裁判にかけられて、自分の信念を曲げて懺悔させられたあげく殺されてしまうのですが、そのときの苦悩や葛藤が全く伝わってこないのです。どこか遠い世界でなにかが起きている、という感覚で舞台を観ていました。配られた劇場用パンフレットには、「私の声が聞こえますか」とありましたが、私には残念ながら聞こえませんでした。

この感覚は、以前劇団四季の『ジーザスクライスト・スーパースター』を観たときの感想に似ています。すばらしく訓練された役者によって上演されていることはわかるのですが、でも私は、迫害されるキリストの苦悩にただの一瞬でも感情移入することができませんでした。繰り返されるカーテンコールの拍手の中で、取り残されたように素直に拍手できない自分がいました。

芸術というのは、つまるところ人間を表現することだと思います。なかでも演劇にはその要素が強く、人間って何？　人生って何？　という深淵にどうやってどこまで肉薄できるか、というジャンルだと思います。

二つ目は、ジャンヌ・ダルクをテーマにしたこの劇の現代性が見えてこなかったのです。ジャンヌ・ダルクの生き方を通して、私たちが今受け取るべきものは何か。何もかもメッセージ性で解釈してはいけませんが、それでもそれぞれの思いで持ち帰るべきものは必要です。

帰りに何人かの生徒に、「どうやったね？」と尋ねてみました。「面白かったです」と答えたので、「本当に？」と聞き返しました。すると、「いや、まあまあでした」と言い直しました。（もちろん、心から面白いと思った生徒もいたとは思いますが）。

私は以前から気になっているのですが、今の高校生はいろんな講演会でも感想を書かせると、だいたい「感動しました」と書きます。私などが立場上眠気をガマンして、やっと起きていられたようなきつい状況の講演でも、「感動しました」です。「感動の国の住人」でいればやっかいごとは降りかからないと思って、とりあえず「感動しました」で、やり過ごそうとしているのでしょうか。または、長い学校教育を優等生として生き残っていくために、「感動しました」と言っておくことが、最良の方法だと悟りを開いたのでしょうか。

私が国語の教師として、高校一年の一番最初にやることは、中学校までの優等生的作文や優等生的鑑賞から、脱却させることでした。「君たちは国語をなめてるのか。とりあえず、これまでのように先生が求める優等生解答でやりすごしておこうなんて、いい加減な覚悟で渡れるほど高校国語の世界は甘くないぞ」ということを、思い知らせることでした。

面白くないのに面白いふりをしない。わからないのにわかったふりをしない。たとえ人とは違っていても、そこをはっきりさせるところから始まるものがあると思います。そんな生徒を育てたいものです。

（第75号・16年10月20日）

『君の名は。』と若者の知性

先日、高文連大会で演劇コンクールの審査をする機会がありました。その中で二つ気になる劇を観ました。一つは、人の前世と現世を描いた創作劇でした。審査講評のときに、「タイトルに究極とあるけど、何が究極なの？」と部員に聞いたら、「前世を選ぶか、現世を選ぶかが、究極の選択という意味です」と答えました。もう一つは、自殺して成仏しきれない人が、あの世から生きている人に幸福を一つ届けたら生まれ変われるという創作劇でした。演技もしっかりしていて、専門的な紗幕《しゃまく》を使うなど、演劇をよく知っている学校だと思われました。

前者は、前世を選ぶか現世を選ぶか、という問い自体が私には無意味に思えました。ましてや、後者の自殺した人が生き返るチャンスを与えられるなんて、自死を助長することにもなりかねず、あってはならないことだと思いました。

なぜ、こんなテーマの劇が出てきたのだろうと考えて、ふと一つの映画が浮かびました。ご覧になった方は、もうお気付きだと思います。いま話題の『君の名は。』です。この夏に公開され、興行収入が二百億円に迫る勢いで、ついに『ポニョ』を超え、『もののけ姫』『ハウル』超えも時間の問題かという空前の大ヒットになっています。ちなみに、歴代一位の作品は『千と千尋の神隠し』で三百八億円です。ポニョやハウルはそれほどの作品ではありませんから超えてもいいのですが、千尋を超えてはいけませんね。いいえ、これはあくまでも個人的感想ですが。

『君の名は。』という映画は、封切り間もない八月に観ました。宮崎セントラルが満席になったのは、『アバター』以来の経験でした。たしかに、いい映画ではありましたが、なかなか難しい映画でもあります。時間軸のずれた男女の入れ替わりがあったり、一世を風靡した戦後のラジオドラマで映画化もされた原作『君の名は』へのオマージュカットが挿入されていたりして、力量と教養のある監督だとは思いました。また、東日本大震災の悲劇が、五年の歳月を経てこういう形で物語として昇華されたんだな、という感慨もありました。

でも、私にはどうしても納得のいかないことがありました。それは、彗星の落下によって一度死んだはずのヒロイン三葉が生き返って（実際は歴史が変えられて死ななかった）、現実に瀧という青年と再会する点です。私たちは子どもの頃、NHKの海外ドラマ『タイムトンネル』を毎週心待ちにした世代です。そこで、時間は超えても歴史を変えてはいけない、という厳しい掟を学びました。これはタイムマシンものの定石ではなかったでしょうか。三葉と瀧が再会できたことは、物語的にはよかったのですが、こんなことが実際にあると若者が思ったとしたら、大変なことだと思います。映画の主題歌で使われた『前前前生』という歌がヒットしています。以前、なにかのアンケートで、今の若者は「死んでも生まれ変われる」ということを、本気で信じている人が多いという話も聞きました。ゆゆしきことだと思います。

新しい学力観の流れは、クリティカルシンキングを志向しています。教師が正解を提示し、生徒がそれを疑うことなくひたすら書き写す時代から、生徒が必要な情報を収集し、自主的に考え、真偽を確かめる力が求められています。にもかかわらず、若者を取り巻く状況はむしろ逆の方向に向かっているように私には思えます。

今の若者は、抽象的な思考や少し難解に思われる理屈を敬遠する傾向があります。その場の気分や空気に流されてしまって、論理的に考えて判断することが苦手です。それを教えるのは、私たち大人の義務だと思います。

冒頭の演劇作品は、かわいそうではありましたが、二つとも県大会進出の六校には選べませんでした。選ぶということは、その劇を支える人間観や人生観を肯定することだからです。「あんたたち、高校生にもなって本気で自殺した人が生き返ると思っちょると?」と、諭してくれる大人が近くにいればよかったのに、と思いました。

（第76号・16年11月9日）

芸術科教員の逆襲

自分で教えてて言うのもなんですが、漢文なんて若い頃はその面白さがわかりませんでした。年とともに漢詩の味わいとか、中国思想の面白さがわかるようになりました。孟子もその一つです。その孟子に、「なんぞ必ずしも利といはん」という一節があります。

孟子が遠路はるばる梁の恵王という人を訪ねて行きます。恵王が孟子に尋ねます。「先生は遠い道のりをわざわざおいでくださったのだから、さぞかし我が国に利益をもたらしてくださるんでしょうな」。それを聞いた孟子は、「王様。どうして目先の利益のことだけをおっしゃるんですか。国を治めるには、ただ仁義（人の道）だけが大切なのですよ」と答えます。「考えてもごらんなさい。王様を始めとして国の人間がみんな金儲けに血まなこになったならば、どれだけ稼いでも国民は満ち足りるということを知らなくなって、国中が収拾が付かなくなってしまいますよ」

と恵王を諫めます。

口を開けば、まず経済のことを語る我が国の総理大臣を見ていると、私はいつも孟子のこの話を思い出します。国民を路頭に迷わせないというのが、政治家の大切な仕事だというのはわかるのですが、でもだからといって、国内の原発事故もきちんと収束していないのに、外国まで出かけて行って原発プラントを売り込んでいいのかなあ、と素朴に思ったりします。なんぼ家族を養うためとは言ってもそこまでせんでいいが、と袖を引っ張りたくなります。

先日の高文連県大会のオープニングを見ていて、唐突に孟子のこの話を思い出しました。関係の先生方は、なかなか大変な思いをされているようでした。芸術科の先生が少なくなり、演劇部の顧問もいなくなって、舞台に詳しい人が本当に少なくなりました。

なぜ、こんなことになったのか。私にはひとつの確信があります。それは学校教育も梁の恵王のように、「実利」を求めすぎたのだと思います。

一週間のコマは、本校の場合七時間×五日の三十五コマ（宮崎県の普通科では三十四コマが一般的）。そこに情報や理科の新しい教科も入ってきて、さらには普通科系専門学科（MS科とか探究科とか）は、特色を出す必要もあって超過密状態です。この限られたパイをどのように配分するかということで、どこの学校でもコマの取り合いになります。普通科高校の場合は、まずセンター試験と個別試験への対応が優先順位の上位に来ます。すると、いきおいセンター試験に必要でない教科が、席を譲るということになります。勘違いしてはいけないのは、センター試験に必要でないこと生徒の人間形成に必要でないことは、イコールではないことです。

そのあおりを最も食ったのは、芸術科と家庭科でした。どこの普通科でも、この二教科を標準単位ギリギリまで減単しました。その結果、一学年六クラス編成以下の学校では、芸術科・家庭科の持ち時間は十時間前後になりますから、そこを非常勤にしてその枠にセンター試験に必要な教科の教諭を持ってくるというのが一般的です。

でも、こんなことをして本当によかったのでしょうか。県北でも、常勤の芸術科の先生は本当に少なくなりました。この現状は、宮崎県（日本）の精神の貧しさを象徴しているようにも思います。たとえ持ち時間が十時間でも、芸術科の常勤の先生が音美書三人揃っているというのは、学校と生徒にどんなに大きな精神的潤いや、文化的刺激をもたらしてくれるのか。そのことを私たちはもっと深く考えるべきだと思います。

私は校長として、四年間かかって芸術の常勤をひとり増やすことしかできませんでした。限られた定数の中での教科の増減は、学校のゆく末や先生方の生活がかかっていることだから本当に難しいのです。

孟子は、「なんぞ必ずしも利といはん」と二千三百年昔に言いました。年々実施が困難になる高文連大会のオープニングを見て、目先の「実利」を求め続けた宮崎県の学校教育が、芸術科の先生から手痛いしっぺ返しを受けているのだと、私は思いました。

（第77号・16年11月16日）

池の鯉が浮くときは

おもしろい話

私は国語の教員という職業柄、本を読むことが多かったのですが、どのジャンルをたくさん読んだかとつらつら考えてみると、小説の次に多かったのは対談集だったような気がします。学生時代は、座談の名手と言われた吉行淳之介や五木寛之の対談集を見つけると、ほぼ条件反射のように手に取っていました。中でも強く影響を受けたのは野坂昭如でした。

若い先生はご存じないかもしれませんね。『火垂るの墓』の原作者といえば、わかる方もおられるでしょうか。二〇一五年の十二月に亡くなりましたが、そのとき盛んに流された映像は、映画監督の大島渚のお祝いの席上で、スピーチをしながらいきなり大島に殴りかかるという物騒なものでした。野坂昭如をよく知る人なら、よくも悪くもさもありなんという映像です。

その野坂昭如に『生き方の流儀』という対談集があって、もう絶版になっているでしょうが、学生時代の私は繰り返し読んだものです。流儀という言葉は、今でこそ手垢が付いてしまいましたが、当時は野坂の無手勝流で八方破れの生き方と重なって見えたものでした。

もともと人の話には興味があったのです。のちに教員になり、人前で話をすることを生業とするようになって、なぜこの人の話は面白いんだろうとか、逆にどうしてこの人の話は少しも心に響かないんだろうとか、さらに意識するようになりました。今は少なくなりましたが、昔の結婚式の来賓スピーチはやたら長かったものです。都城市の水道局に勤める友人の結婚式で、「幸せな家庭生活は健康から始まります。健康というのはＷＨＯ世界保健機構の定義によりますと」とＷＨＯまで出てきたのには驚きました。きっと、真面目で誠実な上司だったんでしょう。で、部下の結婚式でスピーチをしなければならないというので、あれこれ苦心惨憺したスピーチだったのに、聞く人の心には響いてこない。私は目の前の料理を見ながら、早く乾杯させてくれないかなと思うにつけ、なぜ、この人の話はこんなに面白くないんだろうと思いました。

最近、みうらじゅんと宮藤官九郎の『どうして人はキスをしたくなるんだろう』(集英社文庫)という身も蓋もないタイトルの対談本を面白く読みました（すみません、不謹慎な題名で。さすがにレジで本を出すのが恥ずかしかったですけどね）。ここまで話していいのか、と心配するくらいふたりが胸襟を開いてあけすけに話してくれるんです。心を開くというのは、大切な要素だと思います。一般に形にこだわると、心がどこかに行きますね。あの水道局の上司のスピーチは、形を重んじるあまり心がどこかに行ってしまったのだと思います。

アメリカのアカデミー賞の授賞式が、最近は日本でも放映されるようになりました。受賞者のスピーチはおおよそ三十秒。彼らはその短い時間で、笑わせてしんみりさせて、それから感謝の言葉を述べます。プロとはいえ、その手際は見事なものです。長さの問題は大切です。多くの長いスピーチは退屈です。一般に、年寄りの話は長くなりがちです。精神のストッパーが緩んでくると、話が長くなります。それは本質的には長短の問題というより、聞く側の気持ちが配慮されているか、ということだと思います。私も自戒します。

一緒にお酒を飲んで楽しい人と、もうこの人とはいいかな、と思う人がいます。あれはなんなんでしょうね。こっちは気を遣って、相手の仕事とか趣味に踏み込んでるのに、こっちのことには一切興味を持たない人がいます。それから、話が広がっていかない人も。どんな話題も一問一答形式で終わる人。そういう飲み会は、帰り道でどっと疲れが出ます。話が一方通行で、対話が成立しないのです。

毎日生徒の前に立って、しゃべるのが私たちの仕事です。コメディアンではないのだから、笑いを取ることばかりを考える必要はありませんが、話は面白いに越したことはありません。生徒に心を開いているか。目の前の生徒と対話をしようという用意があるか。これは、授業者の前提です。先生方はいかがでしょうか。

（第78号・16年12月1日）

公立学校の踏んばりどころ

私たちが公立学校の教職員であるという意味について、皆さんは考えたことがありますか？『里山資本主義』（角川新書）で注目を浴びた藻谷浩介さんが、『和の国富論』（新潮社）という対談集を出しています。その本で、元小学校教師の菊池省三という人と公立学校の意義について語っていて、興味深く読みました。

菊池先生は、現在は菊池道場という私塾を開いていて、その活動はＮＨＫの『プロフェッショナル　仕事の流儀』でも紹介されました。菊池先生は子どもたちに、「群れるな、集団になれ」と言うのだそうです。群れと集団はどう違うか。個人が自分らしさを発揮して自立しているグループが「集団」で、個人の考えよりもその場になんとなく流れる空気、特にマイナスの空気が勝るのが「群れ」だというのが、菊池先生の持論です。対談では、公教育の強みに話が及びます。

菊池：まだ公立校には、すべての児童を平等に扱おう、どんな子も排除しないという精神が残っている。その「聖域」を学力ごときのために壊してしまったら、社会の底が抜けてしまいます。

藻谷：子どもを世間から隔離して育てることのマイナスがわかっていない親が多すぎる。

菊池：だからクドいようですが、やっぱり公教育という、いろんな子がいて、いろんな学びがある「場」を、日本社会はもう一度しっかり再評価しなきゃならんと思うんです。

藻谷さん自身は、東大法学部卒という学歴エリートです。しかし、小中高と公立校だった自身の経験からこう言います。

藻谷：私が小学校や中学校で経験したように、いろいろな人間がいる凸凹した環境で揉まれたからこそ、子どもは社会性やコミュニケーション能力を身に付けるということが出来ます。

菊池：まったく同感です。まさにその「場の広さ」が公教育の得意技なわけです。

藻谷：僕が山口県に生まれてよかったなと思うのは、突出したエリート校がなかったこと。どの高校にも甲子園に出るチャンスがあるし、進学校とされる高校にも就職組がいた。そういう凸凹した人間関係の中で揉まれたから、僕はなんとか社会で生きる力を身に付けることが出来たんだろうと思います。もし僕が兵庫とか鹿児島に生まれていたら、灘とかラサールに「隔離」されてしまい、あの（自分の）意固地な性格も変わることなく、かなりしんどい社会人になっていたでしょう。

藻谷さんのいう「凸凹した人間関係」とは、今はやりの言葉で言い換えると、「多様性」（ダイバーシティ）です。ご承知のように、文科省が提起している新しい学力の三要素は、「知識・技能」「思考力・判断力・表現力」「主体性・多様性・協働性」です。藻谷さんは、「集団をまとめる力は、集団を壊そうとする者とのせめぎあいの中からしか育たない。〈おりこうちゃん〉だけの選抜は、彼等の成長のチャンスの破壊である」と言います。公立校の強みは、特定の階層だけに特化しないこの多様性の中にあるのです。

私が信頼している教育社会学者の志水宏吉氏（大阪大学教授）は、『公立学校の底力』（ちくま新書）という本で、公立学校のメリットは、「地域性」「平等性」「多様性」であると説きます。わざわざ遠くまで通わなくても、多様性を持った良質で安価な教育を地域で提供できるのが公立学校の持ち味です。その意味で、地域から公立高校がなくなるというのは、公教育の使命を考えたときに大きな問題です。私学には私学の使命も存在意義もあります。それを承知の上で言いますが、私たち公立学校の教職員は、特に選ばれた階層でなくても入れる公立学校の質を守り続けなければなりません。それが、公立学校で働く者の矜持であり、責務です。

現在の延岡高校は、もはや希望すれば誰でもが入れる学校ではなくなりました。でも、安価で良質の教育を提供する公立校として、私たちが去った後も地域に信頼され続ける学校にしておくことが、いま本校に勤務する者の務めだと思います。

（第79号・16年12月13日）

どうする？　宮崎県の普通科教育

昨年の十一月に、生まれて初めて北海道に行きました。特に高級でもないビジネスホテルのバイキング朝食会場には、イクラの醤油漬けがボールに山盛りにしてあって、さすが北海道だと感激しながら朝からイクラ丼を食べました。でも、遊びに行ったわけではありません。たしかに、サッポロビール園にも行きましたし、毛ガニも食べましたが、あくまでも仕事なのです。私が最後の年だというので、全国大会で発表することになったのです。そのことについては、私が不在の職員朝礼で田平教頭先生が、例の大きな声で熱く紹介なさったとかいうことを聞きました。

私の発表題は、「生徒の自立と教師の『復権』を目指して」。この四年間に延高で先生方と一緒に取り組んだことについての報告です。私の問題意識の根底には、校長になる前から宮崎県の普通科高校の先生たちはこんなに献身的に生徒のために働いているのに、どうして結果に結びつかないのだろう、という思いがずっとありました。

私が教員になった頃は、数学が宮崎県の学力を牽引していて、「段さん、数学は田舎の教科やから鍛えれば伸びるけど、国語や英語は文化的な背景が必要やから、すぐには伸びんとよ」と、先輩教員から聞かされたことがありました。おそらく二十年くらい前までは、宮崎県もそれなりに結果は出していたと思います。それが、いつの頃からかセンター試験も沖縄県に抜かれ、全国順位もズルズルと後退してほとんど最下位になってしまいました。沖縄県よりよかった頃は、琉球大学試験前日の宮崎－沖縄便は、受験生でいっぱいだと言われた時期もありました。

私たちは本質的な分析をせず、根本的な対策も講じられないままにここに至ったのではないでしょうか。そして、まだ頑張りが足りない、もっと頑張れるはずだと、さらに生徒にも自らにもムチを入れ続けたのではないか、と思っています。

宮崎県が結果を出していた時期というのを、若い先生方はご存じないと思います。当時、県下を席巻していたのは、県西の高校から始まったと言われる課題学習という方式でした。それは、みるみる宮崎県全域に広まっていきました。課題プリントはもちろん、予習プリントまで出して、生徒の学習を徹底的に管理するという方式でした。宮崎県から大学に進学した生徒が、講義の終わりに「先生、課題プリントはないんですか」と聞いたという話が、まことしやかに語られた時代でした。

当時の学力観では、それは有効だったのです。ところが、学力観が変わって知識よりも思考力を求められるようになっても、根本的に指導方法を変えないままにここまで来たのだと思います。なんだかおかしいな、とみんな感じながら物量主義ともいうべき旧態依然とした指導体制から脱することはできませんでした。私たちは、先輩教員が築き上げた遺産を少しずつ食い潰して、今に至っているようにも思います。

もちろん、学力は学校だけで形成されるものではありません。地域性や家庭環境も大きく影響します。快晴日数日本一とか、十八歳以上人口比パチンコ店数日本一とか、アルコール消費量全国二位とか、二十五歳以上バレーボール競技者人口日本一とかいう数字を挙げて、子どもの学習環境の困難さを論じることもできます。また、幼少期からの進学塾などの教育環境や経済格差を挙げて、都会との格差を言うことも可能でしょう。

しかし、日々生徒と接する私たちは、学校のシステムや私たちの授業などの裁量内で変えることはできないか、という課題を突きつけられています。たしかなことは、宮崎県の普通科高校教育はこのままではいけないということです。長い間どうにもできなかったことをすぐに解決することは難しいでしょうが、少なくともその問題意識だけは全ての教員が共有していなければならないと思います。

言うだけ言ってお前は辞めていくのか、と叱られそうですね。心配いりません。心だけはいつも先生方の隣に置いていきますからね。そんなものいらない、と罵声が聞こえてきそうですが。

（第80号・17年1月19日）

カミさんの三大受難

今年度、本校は先生方の結婚ラッシュです。私は長い教員生活の中で、一年間にこんなに結婚式にお呼ばれしたのは、初めての経験でした。大変おめでたいことです。

夫婦というのは、不思議な人間関係ですね。私は三十年以上になりますが、小さな局地戦ではほぼ連戦連勝の華々しい戦果を挙げて領土を拡張してきたはずなのに、長い目で見ると随分領土を奪われて、パンツ一枚身に着けて、小国に君臨する裸の王様みたいなことになりました。

私がせっかちなのに対して、うちのカミさんはかなりおっとりしています。私は職場ではどう見えているかわかりませんが、家ではかなりわがままです。おまけにせっかちなものだから、うちのおっとりぼんやりしたカミさんは、結構な被害を受けています。いま思い出してもおかしくなる出来事が、いくつもありました。

三十代の頃から陶器にはまっていた私たちは、長期休業になると、萩、備前、瀬戸と車で足を伸ばすようになりました。でも、気に入った焼き物は高くてなかなか手が出ません。それで、宿泊代を節約しようと、当時乗っていたテラノという四駆に寝袋で寝るような旅をしていました。

時々はホテルに泊まります。金沢まで九谷焼を見に行った時です。その日は、ペンションに泊まることになって、城下町の路地の狭い駐車場にバックで止めるのに、カミさんが誘導しました。そのうち、「オーライ、オーライ……」というカミさんの声が聞こえなくなりました。「おーい」と呼んでも返事がありません。しばらくして、切れ切れの小さな声で、「挟まれてると……」というカミさんの声が聞こえました。車を降りて見ると、駐車場の壁と車のスペアタイヤにカミさんが挟まって、身動きが取れなくなっていたのでした。「普通、どくやろ」と私が言うと、最後に車の下がる速度が急に速くなったので、逃げる暇がなかった、とカミさんは言うのですが。

こんなこともありました。私が、都城西高校に勤めたときですから、十年くらい前の出来事です。都城で飲み会があって、カミさんも行くというので宮崎から一緒に出かけました。途中西高に寄って、仕事の忘れ物を取りました。都西の売店横には、高校には珍しく自販機がたくさん並んでいます。カミさんは、「自動販売機がこんなにあるんやね」と一台ずつ眺めていました。私は約束の時間が迫っていたので、急いで職員室から書類を取って、「おい、はよせんと遅れるぞ」と声を掛けて、警備員室に鍵を返して車を出しました。

自衛隊の前を過ぎる頃でしたから、二キロくらいは走ったと思います。「間に合うやろか?」と助手席に話しかけると、カミさんがいないのです。目の玉が十センチくらい飛び出しました。か、神隠しか!と思いました。あわてて携帯を見ると、カミさんからの着信がたくさんありました。私がカミさんを置いたまま車を発進させたので、「冗談かな」と思って、追いかけたそうですが、そのまま車は速度を上げて見えなくなったんだと、カミさんは言っていました。「信じられない!」と、かなり責められました。

最近、こんなこともありました。カミさんの乗っていたプリウスαという車は、ハッチバックがかなり重くて、閉めるのに随分力がいります。グッと腰をいれないと、生半可な気持ちでは閉まりません。その日、カミさんと一緒に荷物を下ろして、「よし閉めるぞ」と言ったかどうか覚えていませんが、なぜかいつにもまして気合いが入ったことだけは覚えています。ウンと踏ん張って、思い切り閉めたら、カミさんはまだそこにいました。プロレス技でいうパイルドライバーですか。ハッチバックがゴンッと鈍い音を立てて、カミさんの脳天に当たりました。私が全人格的に激しく非難されたことは、いうまでもありません。その衝撃でカミさんの背が縮んで、その分さらに横に広がったようにも見えるのですが、そのことは、いまだに口に出していません。

退職の日に離婚を宣言されるのは、私みたいなダンナかもしれません。

（第81号・17年1月25日）

習熟度別クラス編成という名の差別

あえて刺激的なタイトルを付けました。最近私は意識して、宮崎県の普通科高校教育を「誰も幸せにならないシステム」と呼んで、その根本的な体質改善を訴えています。なかでも、習熟度別クラス編成はその最たるものだと思っています。でも、私はこのクラス編成が差別的であるとおっしゃる先生にあまり出会ったことがありません。

私の同学年で比較的若くしてエラくなった男がいます。この男はいまだに、「俺は凡クラで特クラじゃなかったけんどよ」と言います。高校時代のクラス編成が、こんなにも深く人生に影を落としていることを意識させられる瞬間です。

昨年まで、本校は三年生普通科四クラスのうち、半分の二クラスを習熟度別クラス編成にしていました。「クラス開きの日にみんな下を向いていて、さあがんばろう、と声を掛けることが苦しかった」と、習熟度クラスではない担任から切々と訴えられたことがありました。私は校長として、なんと罪深いクラス編成をしているのだろうと、強く責任を感じました。

宮崎県の普通科では、意気揚々と希望に満ちて入学してきた新入生を、成績別にクラス編成することがごく当然のように行われています。宮崎県では常識ですが、全国的には極めて異例のクラス編成であることを先生方はご存じでしょうか。教育学者の佐藤学はこう言います。

《「習熟度別指導」と「能力別指導」による学習の「個別化」は、六十年代から七十年代にかけて世界各国の授業改革の中心課題で、教育学研究と教育心理学研究の中心テーマの一つでした。数え切れないほどの実験が行われ、数え切れない量の研究論文が執筆され、教材や指導法や評価方法が開発されました。しかし現在では、「習熟度別指導」や「能力別指導」を教育改革において推進している国はありません。それらを積極的に研究している学者もいません。それは直接的にはその効果が実証されなかったからです。》（『学力を問い直す』岩波ブックレット）

習熟度別クラス編成について、印象ではなくてこれこれこういう成果がある、というエビデンス（科学的根拠）をお持ちの方がおられるでしょうか。もし成果があるなら百歩譲ってやむなしという判断もあるでしょうが、センター試験の全国比較などを見たときに、とても犠牲に見合う結果が出ているとは思えません。

私は、習熟度別クラス編成の廃止をＭＳ科と普通科三年の二段階に分けて実施しました。そのとき先生方から、「上位クラスに入ることを目標に勉強してきた生徒に、どう説明するのか」という疑問が出されました。私はこれこそが、宮崎県の病根だと思っています。上位クラスに入ることが目標だなんて、そんな勉強の意味を矮小化した議論に付き合う必要があるのでしょうか。上位クラスに所属することのいびつな優越感や、所属できなかったことのいわれのない劣等感こそ、学問とは最も無縁のものだと思います。

また、習熟度別編成にすると不登校の生徒や指導しにくい生徒がいないので、クラスとしてまとまって指導しやすいという声も聞こえて来ました。このような選別の思想は、教師にとって最も危険なものだと思います。学力観は個別化から協働へと変化しています。「純粋培養」された特殊な環境の中ではなく、多様性の中から育つ学力こそがこれから求められるものです。

では、習熟度別クラス編成は全く効果がないかというと、次の二つの場合に有効だと言われています。それは限定的で流動的な場合です。具体的に言えば、英数などの教科毎の習熟度別編成や、クラスを固定せずに学期毎に編成し直すような場合です。

現在、本校では二・三年生の普通科に一クラスずつ習熟クラスが残っています。地域への波紋や延高の使命を考慮したときに、変更は結果を出しながら、ゆるやかに進めなくてはなりませんでした。延高にとって何が最良の方法か、引き続きみなさんで考えてもらいたいと思います。

（第82号・17年2月9日）

五十歳の大学生

生涯学習ということが語られる時代になりました。実は、十年くらい前の話ですが、私は宮崎大学の大学院に三年間通いました。もちろん、昼は仕事がありますから夜間大学院です。

きっかけはこうです。当時、大宮高校の学年主任として、宮崎大学出前講座を体育館の後ろで生徒と一緒に聞いていました。その日は、教育文化学部の河原先生が、吉野源三郎の『君たちはどう生きるか』のお話をされていました。それは大変熱のこもったお話でした。それを聞きながら、「どうして、自分がこれから学んではいけないんだろう」と、衝動的に思ったのです。

その日のうちにカミさんに話して承諾してもらい、ネットで検索したらもう次年度の募集期限を過ぎていることが判明しました。「まあ、思いつきというのは、所詮そんなもんだな」と諦めていたら、しばらくしてカミさんが、追加募集がネットに出てると教えてくれました。それから、長めの志願理由書を提出して、口頭試問のような面接試験を受けて合格通知をもらい、五十歳の大学生が誕生しました。

動機は衝動的ではありましたが、学びたいテーマは決まっていました。それは当時、宮崎県の教育界にも着々と導入されつつあった、教員評価制度についてでした。私は現場の人間として、直感的にこの制度は必要ない、むしろ弊害の方が多いと感じていました。小泉構造改革の奔流の中で、競争原理・市場原理が教育界にも流れ込んで、教育の自由化が進行していました。通学区が見直されたり、民間人校長などの登用が始まったのもこの頃でした。ただ一方では、私が抵抗を感じるのは、自分にとって都合のいい防衛本能かもしれない、という思いもありました。それで、学問的に研究してみたいという思いがあったのです。

同僚に話すと、「段さん、三十年も現場でやってるんだから、今更大学で学者先生に習うことなんか、ないんじゃないですか」と忠告してくれる人もいました。そうかもしれませんが、とりあえず迷ったらやる、というのが性格なのです。

市民文化ホールの入学式には、真新しいスーツを着た新入生に混じって、五十歳の大学生はジーンズで出席しました。さすがに座席はあまり目立たない後ろに座りましたけどね。

夜間大学院の講義は、夕方六時頃から九十分が二コマでした。三年生の夕課外がない日を選んで、五時過ぎに、「あとはよろしくね〜」と声をかけて職員室を後にする毎日でした。時間割は自分で担当教授に申し込みます。学生が少ないので、ほとんどの講義は教授とマンツーマンになります。この先生は自分が気紛れで受講するなんて言わなければ、今頃自宅で焼酎飲んでいるんだろうなあと思うと、申し訳なくて仕方ありませんでした。毎週のようにレポートが課されるのですが、平日は仕事で忙しく、土日に何本もレポートを書く日々が続きました。

修士論文の担当教授は、偶然にも入学のきっかけとなったあの河原先生でした。先生は教育学がご専門で、マックスウェーバーや丸山真男について少年のように目を輝かせて語られる姿が印象的で、講義の内容は忘れても、その表情だけは忘れません。河原先生からは、学問に向き合う姿勢というものを教えていただいたように思います。今でも宮大に出張で出かけると、必ず研究室のドアをノックします。すると嬉しそうに、最近書かれた研究論文の抜き刷りを下さいます。

修士論文は、《現代教員評価制度の意義と限界性についての考察～漱石文学の中の「先生」像との関連において～》というタイトルでした。タイトルだけは立派ですが、中味はスカスカのやっつけ仕事でした。指導していただき、論文に期待もしてくださった河原先生には申し訳なく思っています。

それでも、教員評価制度について、直感は間違っていなかったという学問的な裏付けができましたし、なにより学問に真摯に向き合っておられる大学の先生方と接したことは、日々教室で生徒と向き合う自分の背筋を伸ばしてくれたようで、貴重な体験だったと思っています。

（第83号・17年3月17日）

池の鯉が浮くときは

詳しい統計はわかりませんが、ここ何年か、いじめを苦にした子どもが自殺するという痛ましい事件が、全国各地で特に増えているような気がします。なかには学校がどんなに対策を講じても、防げなかったという事例もあったでしょう。その事情は関係者でないとわかりませんし、無責任に外野からはとやかく言えないこともよく知っているつもりです。

私が気になるのは、その後の教育委員会や学校関係者といわれる人たちの対応です。生徒からのアンケートを自殺した生徒の保護者に見せる前に、シュレッダーにかけて処分したという事例がありました。保護者から真相の究明を求められるまで、学校は重い腰を上げようとしなかったという事例もありました。原発の補償金があるだろうと、百万円以上のお金を使わされていた少年に対して、いじめではないと強弁した教育長もいました。

全国各地で起こった個別の事件について、申し合わせたかのような同様の対応に私には見えます。私が学校関係者でなかったら、いえ学校関係者の私から見ても、学校の隠蔽体質や責任逃れと言われても致し方ないと思います。

私は教員としても校長としても、決して模範的でも立派でもない人間であることはよく自覚しているつもりですが、そんな私でも恥ずかしく思います。誰かひとりくらい昔気質の野武士のような校長が現れて、「学校としては最善を尽くしてきたつもりですが、いじめがあったことは事実です。申し訳ありません。全て私の責任です」と潔く謝罪して、腹を切る人がいてもよさそうなものではないか、と思うのです。

池の鯉が一匹だけ口を出して、パクパクしているとしたらその鯉の問題だが、その池で泳いでいる鯉がみんなそうだったら、それはその池に問題があると思うべきではないか、という文章を以前読んだことがあります。これは日本の学校教育という池に問題があると疑っても、いいのかもしれません。では、その原因とは何か。私には、ひとつだけ思い当たる節があります。
教員評価制度の導入、免許更新制、コンプライアンス遵守のうんざりするくらい多くの通知と研修など様々な締め付けによって、教員の公務員性だけを押し出して専門職性を剝ぎ取ろうとする政策や行政による指導が、この十年くらいで立て続けに実行されました。宮崎ではまだ実施されていませんが、他県では、教員評価が給与に反映することを何の抵抗もなく多くの教員が受け入れています。いえ、抵抗はあるんでしょうが、言っても仕方がないから諦めているんでしょうか。

私は、老荘思想の「混沌」という不思議な話を思い出します。混沌に接待を受けて世話になったというので、何かお礼をしようと南海の帝と北海の帝が話し合います。人には目や耳や鼻や口があって五感を持つのに、混沌にはその七つの穴がなくてかわいそうだから、毎日一つずつ混沌に穴を開けてやろうということになります。そして、その七日目に混沌は死んでしまったという話です。

行政の指導によって、不適格教員や不祥事を起こす教員を排除しようとして、様々な政策や通知を実行した方々は、まさか教員バッシングの尻馬に乗ったわけではなく、あるいはよかれと思ってのことかもしれません。でも、その結果、背中で生徒を導く味のある教員や金八先生のような熱血教員は、日本中からみるみる少なくなりました。本来、職人であるべき教員の役人化が急速に進んでいます。スキャンダルを血眼になってあげつらう芸能ジャーナリズムのせいで、舞台やスクリーンから味のある名優が消えていったのと似たような理屈です。

不祥事の発生件数は、統計によって毎年その増減が目に見えますが、熟練した職人のような教員が減っていくことは、どんな統計にも現れませんから、そのことによって責任をとらされる人もいません。

こうやって、日本の教育という池の水は、鯉がすめない水にならなければいいがなあ、と退職を前にそんなことを心配する今日この頃です。


（第84号・17年3月30日）

あとがき

校長という立場になって、「管理しない管理職」ということを意識するようになりました。管理された先生は、必ず教室や部活動など様々な場面で生徒を管理し返します。自分は管理されているけれども、生徒は管理しないという先生はいません。

不祥事や危機対応などの行政指導、外部からの苦情、ＳＮＳによる誹謗中傷、保護者の要望など、現代の学校には様々な声が、まるで社会問題の「終末処理場」のように寄せられます。それらに誠実に対応する責任は感じながらも、それらを全て教職員に下ろしていたら、先生は萎縮し忙殺され、学校は本来の責任を果たせなくなります。

管理職が先生を小粒にし、その先生が生徒をまた小粒にする。学校現場で小粒の拡大再生産が、急速に進んでいるように思います。メンタルを病んで休職する先生が増えたという報告はよく聞きますが、まじめで心配性の生徒も本当に多くなりました。小粒な私が言うのも恐縮ですが、こんなことで日本の将来は大丈夫なのかなあと思います。

もちろん、組織である以上管理は必要でしょう。問題は、管理の中身です。そんなことを考えながら、「管理しない管理職」というテーマに向き合うつもりで、この通信を書きました。

ところで、この本をお読みになった方のなかには、「で、そのような学校経営をした結果はどうだったの?」とお思いの方もおられるでしょう。そのことを書かないわけにはいきません。自慢話のように聞こえたらお許しください。

普通科高校の場合は、進学の結果がまず問われます。特に、どこの大学に行くにしても親元を離れなければならない生徒が多い地方では、学費や生活費の負担が大変な額になるので、どうしても授業料が比較的安い国公立大学を希望する生徒が多くなります。本校でも、一年次の進路希望調査ではほぼ全員が国公立大学を希望していました。私が在職した四年間、延岡高校は現役生の国公立大学合格率が伸び続け、最後の年はほぼ七割の生徒が合格しました。これは宮崎県では三年連続トップの数値でした。もちろん、これは学校の成果を示す指標の一部で、国公立大学だけが大学だと思っているわけではありませんし、これが全てだと思っているわけでもありません。分かりやすい数値として挙げたまでです。

それから、県の調査の関係上詳しい数字は書けませんが、生徒の学校満足度と教職員の職場満足度も一貫して非常に高いものでした。コンプライアンスの遵守を熱心に呼びかけたわけではありませんが不祥事は起きませんでしたし、私が在職した四年間にメンタルを病んで休職した教職員もひとりもいませんでした。

すみません。はしたない自慢話を書きました。私の手柄のように書きましたが、私が赴任する前から、延岡高校はいい学校だったのです。私は、そのいい伝統を引き継いだだけです。ただ、あえてこんなことを書いたのは、管理を強化することが学校の成果を上げる道ではないということを、先生方の名誉のために言いたかったからです。

生徒が学校に誇りを感じて生き生きと学び、教師が信頼関係の中でやりがいを感じて働く職場で、結果が出ないわけがありません。組織マネジメントとしては、当然のことだと思います。しかし、日本中の多くの学校でこれとは逆のことが行われているような気がします。それが、私がこの通信をまとめて一冊の本にしようと思った理由です。

先生が生き生きとした表情で教壇に立ち、教室が学ぶ喜びにあふれ、生徒が若い命を輝かせる。学校がいつまでもそんな場所であってほしいと思います。

最後になりましたが、四年間延岡高校でこの通信にお付き合いくださった先生方、ペーペーの時代からこれまでご指導くださった皆さん、それから私の無理なお願いを快諾して表紙絵とカットを書いてくれた現在大学生の甲斐稀尋さん、出版してくださった鉱脈社の方々に心からお礼申し上げます。それから、こういう機会でもないと言えないので書きますが、私のわがままに黙って文句も言わず長い間支えてくれた妻に、この場を借りて感謝したいと思います。

二〇一七年五月

段　正一郎

[著者略歴]

段　正一郎（だん　しょういちろう）

1956年宮崎県生まれ。1978年宮崎県高校国語科教員として大宮高校に赴任。延岡工業・日南工業・大宮・都城西・福島（教頭）・大宮（教頭・副校長）として勤務した後、延岡高校長として４年間勤務。2017年３月退職。

著書に「中国右往左往日記」（1989年 鉱脈社刊）

〒889-1605　宮崎市清武町加納乙320-21

いいよ、先生。子どもたちが輝き出したよ
学校に吹く風［1］通信編

二〇一七年七月十二日　初版発行
二〇一七年十一月十九日　二刷発行

著　者　段　正一郎 ©
発行者　川口敦己
発行所　鉱脈社
〒八八〇－八五五一
宮崎市田代町二六三番地
電話　〇九八五－二五－一七五八

印刷
製本　有限会社　鉱脈社